Mandanten-Schwarzbuch

Heinrich Stader

Mandanten-Schwarzbuch

Überlebensstrategien für Anwälte
im Dschungel des Klientenverkehrs

Libelle

Wem es bestimmt, der endet auf dem Mist
mit seinem edelsten Bestreben.
Ich bin zum Beispiel immer noch Jurist.
So ist das Leben.

Hans Adler

I. Über das BayObLG seligen Angedenkens gab es den Spruch: *Ein Gericht, das durch Gründlichkeit ersetzt, was ihm an Zuständigkeit ermangelt.*[1]
Ganz ähnlich kann man über Mandantschaft sagen: *Personengruppe, die durch Meinungen ersetzt, was ihr an Kenntnissen ermangelt.*
Sie haben keine Ahnung. Stattdessen haben sie eine Meinung.

II. Es ist zwar – einerseits – mit uns nicht einfach. Versuchen Sie einmal, einem Laien das *Abstraktionsprinzip* zu erklären. Oder den *Versorgungsausgleich*, nebst der *Barwertverordnung.*[2] Oder das *Rücksichtnahmegebot* – das geht ja gar nicht. Es ist bei uns schwierig, komplex, kompliziert.[3] Wo kriegen die Leute dann aber ihre Meinungen her?

---

1 Helmut Köhler (»Noricus«), JZ 1987, 762 (763)

2 Der in der Variante mit Barwertverordnung zwischenzeitlich abgeschafft und durch etwas noch Absurderes ersetzt wurde. Wer weiß, wie lange dies nun halten wird – Einen alten Familienrichter kenne ich, der sagt zu jungen Leuten anlässlich der Scheidung, wenn er die Rentenauskünfte bespricht: »Ich bin alt. Ich kriege noch Rente. Wissen Sie, was Sie kriegen? Einen Job in China.«

3 Alltagsklassiker: Drittschuldner erhält Pfändungsbeschluss zugestellt. Noch am selben, spätestens am nächsten Tag sitzen völlig verängstigte Mitbürger in unserer Kanzlei, überreichen schlotternd den amtlichen Umschlag und fragen Mal ums Mal, wie es angehe, dass ihnen ein wildfremder Mensch den Gerichtsvollzieher schicken könne und sie hätten doch gar nichts getan! Die Menschheit zerfällt hier in drei Gruppen. Die einen begreifen, wenn man es erklärt hat. Die anderen begreifen nach Fertigung einer Skizze, wie man sie zur Bereicherung im Dreipersonenverhältnis verwendet. Die Dritten jammern, trotz Erläuterung, trotz Skizze, ohne Unterlass: Ja aber warum schickt er mir den Gerichtsvollzieher! Hätte der nicht vorher mal anrufen können!

III. Trauen sie sich etwa, beim Arzt eigene Meinungen mitzubringen?[4] Sie trauen sich nicht. Stellen Sie sich vor, Sie wären Mediziner, säßen in Ihrem Ordinationszimmer und erläuterten einem Patienten, er hätte da ganz harmlosen *fleckus comicus*, da schmieren wir ein bisschen Salbe auf – und der Mann zückte einen Artikel aus der »Bäckerblume« und erwiderte, das sei ja gar nicht wahr, hier stehe in der Zeitung, bei solchen Flecken hier müsse man aber mal ganz schön aufpassen!

IV. Überhaupt gehört eine Zensur her für Rechtsratgeberspalten. Sie sind ein rechtes Kreuz. (Mein Traum ist das Amt eines Beirats für Familienrecht.[5]) Man kriegte dann keine Artikel mehr vorgelegt aus der Apotheken-Umschau:

---

[4] Äußerstenfalls holen sie, das zahlt im Gegensatz zu DAS & Co. die Kasse, eine »zweite Meinung« ein. Wenn die zweite Meinung allerdings anders lautet als die erste Meinung, ist es mit eigener Meinung ohnehin *vinaigre*, wie wir Franzosen sagen. Und bei den Dokters geht es nicht anders zu als bei uns: zwei Stück, drei Meinungen. (Dieser Spruch, seinerseits, geht auf Winston Churchill zurück: »If you put two economists in a room, you get two opinions, unless one of them is Lord Keynes, in which case you get three opinions.«)

[5] Wenn in einem bekannten NACHRICHTENMAGAZIN beispielsweise etwas zum Familienrecht steht – das überblicke ich einigermaßen – etwa darüber, was das Ministerium Neues zum Zugewinnausgleich plant, und in dem Artikel dann so überhaupt gar nichts stimmt, die Terminologie nicht und zum materiellen Gehalt ist ebenso wenig begriffen – dann keimt ein grässlicher Verdacht: Sind eigentlich alle anderen Artikel genauso falsch? (Während immer stimmte, was die Kollegin Caspary andernorts am Sonntag schrieb.)

Männer müssen keinen Frauenunterhalt mehr zahlen! Wie das Oberlandesgericht Zweibrücken entschieden hat, müssen Männer ihren geschiedenen Frauen keinen Unterhalt mehr zahlen. Aktenzeichen …
Rechner angeworfen, Entscheidung abgerufen: weil die Straßenbahn dem Mann ein Bein abgefahren hatte.[6] Was ist mir unwiederbringliche Lebenszeit zerronnen allein bei der Entkräftung von Zeitungsausrissen *Ihr Recht im Alltag.*

V. Kindesunterhalt wird jetzt vom Staat bezahlt! Auf die Frage: Wo haben Sie denn das gefunden? – Antwort: »Coupé.« Hier führte der stolze Vater allerdings zwei Quadratmeter sichtbare Tätowierungen mit sich sowie einen Schäferhund.

Manchmal werden auch Gerüchte kolportiert: Der Ehemann habe, seinerseits, eine Rechtsanwältin aufgesucht, und die habe ihm bestätigt, aufgrund Düsseldorfer Tabelle sei eine Ehe nach drei Jahren Trennung automatisch geschieden. Ob das stimme.

Unwiederbringliche Lebenszeit rinnt dahin, rinnt dahin.

---

[6] Obschon Ihnen in Zweibrücken und ähnlichen Orten, etwa Oldenburg, ja widerfahren kann, dass es keinen Unterhalt gibt ohne abgefahrenes Bein oder sonst ersichtlichen Grund. Und das OLG Frankfurt ist Eingeweihten als »Hessen-Lotto« bekannt.

VI. Gern wird auch, von Frauen im Scheidungsfall, ein *Bekannter* mitgebracht.
Der Bekannte ist bestens vorbereitet, alle Korrespondenz hat er gelesen. Der Bekannte ergreift sogleich das Wort. Er stellt präzise, harte Fragen. Dass sein Ton aggressiv sei, würde er abstreiten.

Verdacht: Hier wird ein Teil des Balzrituals, des Werbungsverhaltens, ins Anwaltsgespräch verlagert. Das ist ungerecht, denn bloß gegen Rechtsanwälte wagt man das. Beim Arzt sitzen selbst die Bekannten furchtsam, höflich, still, gedämpft, opferlammig. Jedenfalls: Was man der Frau mehrfach erklärt hatte, dem Bekannten erklärt man es nochmals, nur doppelt so intensiv. Mit dem Habitus des Peter Lorre im Stummfilm, wie er den Wolfmann besänftigt. Statt ihm zuzurufen: Gib's auf, Mann, das ist nicht mehr cool. Die Beschützernummer ist ja so was von out ... Versuch's mit Wellness-Wochenende, mit achteckiger Schaumbadewanne, von Duftkerzen umstellt; mit Blümchen. Hm?

Die *Bekannten* sind eine Pestilenz.[7]

---

[7] Von einem Fall hat man mir erzählt, wo sich der Bekannte zum Schluss als Kollege herausstellte. Auch sehr apart.

VII. Dem Bekannten steht gleich die *Freundin, die es schon hinter sich hat.* (So wird sie meist auch, halb scherzhaft, einem vorgestellt.[8])
Bei der Freundin war alles komplett anders. Alle dreißig Sekunden äußert sie: Das kann ja gar nicht sein, das war bei mir ganz anders. Trennungsjahr? Bei mir ganz anders. Auf den Vorhalt, das stehe so im Gesetz: Beim Boris Becker ist es ja auch gegangen.[9]
Wie symbolisiert man diesen Typus als Piktogramm? Auftrag an eine Werbeagentur … Ich hängte dann ein solches Piktogramm an die Tür nebst Beschriftung: Wir müssen leider draußenbleiben.
Wie symbolisiert man den *Bekannten* und die *Freundin* als Piktogramm?

VIII. Plan B: Immer wenn sie den Bekannten mitbringen, die Freundin, sonst wen Interessierten,[10] zu sagen: Übrigens, wenn ich *zwei* Leute gegenüber habe, denen ich antworten soll, entsteht eine *Erhöhungsgebühr*. Leider! Nur dass Sie es wissen. Wir müssen drüber gesprochen haben. Nun aber Ihre Fragen! Ihrer *beider* Fragen.
Dazu reibe man die Hände.

---

8 Wenn sie sich nicht gar selbst einführt mit der Funktionsbezeichnung »Vier Ohren hören mehr als zwei«.

9 Ich habe erwidert, der sei nach dem Recht von Florida geschieden worden, weil da die Kinder lebten und man dort kein Trennungsjahr kenne. Wahrscheinlich hat das sogar gestimmt.

10 … der dann regelmäßig einen Notizblock zückt und mitschreibt.

IX. Montags[11], besonders schlimm: Anrufe, übers Wochenende[12] sei Besuch da gewesen, der Neffe, Jura studiert er im fünften Semester. Der Neffe habe sich das einmal durchgesehen und folgende Fehler festgestellt. Nichts von dem, was der Neffe findet, stimmt; es ist alles Quatsch mit Soße. Auf der Zunge liegt einem: Dann lassen Sie doch Ihren ganzen Kram von *Ihrem Neffen* weiterbearbeiten. (Stattdessen aber spricht man Anderes, Gewinnenderes.)
Auch die Neffen sind ein Kreuz.

X. Ähnlichen Verdruss bereitet die Mitbringung kleiner Kinder.
Handwerkerprozesslein, junge, ungemein positive Eheleute mit tropfendem Neubau. (Wie sich das ganze Baurecht ja ohnehin auf zwei elementare Fragen zurückführen lässt. Erstens: Warum dringt Wasser in den Keller? Zweitens: Warum dringt Wasser durchs Dach?) Der Termin beim Anwalt wird zur Abhaltung eines Familienausflugs genutzt. Es versam-

---

[11] Wie man montags ohnehin kein Telefon abnehmen sollte. Denn übers Wochenende – o Fluch des Müßiggangs – wird alle Schlechtigkeit der Menschen ausgebrütet, alles Irresein und alle Angst, und ergießt sich montags ab acht Uhr in Telefonate. Ein jeder Montagmorgen an einem Anwaltstelefon ist Beweis für den Satz: Der Kopf ist rund, damit die Gedanken dort im Kreis fahren können, am Wochenende.

[12] Montagsklassiker des Familienrechtlers, stets zwei Minuten nach acht Uhr, man hat die Jacke noch nicht ausgezogen: Der kleine Jonas / die kleine Lena habe nach dem Umgang wieder eingenässt und sei völlig verstört. Weil der umgangsberechtigte Vater vor dem Kind saß wie ein Vogelforscher und es nach dem neuen Onkel ausgefragt hat, der bei der Mama schläft.

meln sich vor dem Schreibtisch *maman, papa et bébé.* Junge, positive Familien sind sommers, Männlein, Weiblein, Kindlein, oben stets bekleidet mit originell bedrucktem T-Shirt, in der Mitte dreiviertellanger Hose, unten mit Flip-Flops.[13] Das Kind wird platziert auf Mutters Schoß. Anfangs. Nur wenig später tritt bei *bébé* ein Bewegungsdrang in Kraft; begleitet von frühem Forschertrieb. Größte Faszination übt zumal das Diktiergerät aus. Auch zieht ein elektromagnetischer Sinn *bébé* zu Stromquellen. Das Muttertier beginnt sodann, mild und gütig, eine Rückrufaktion. Folglich hebt das Kind zu greinen an, zu krähen. Das Gespräch gerät ins Stocken. Als ich noch jung war und unerfahren, da wartete ich still, bis *bébé* sich beruhigt hatte. Das aber kann dauern. Es hilft also nur eins: Das Gespräch, wie Barockmusik, in Terrassendynamik, in Steigerung von *piano* über *mezzoforte* bis *fortissimo* fortzuführen; gegen *bébé* unbeirrt anzubrüllen.
Die Eltern stört das nicht. Junge Eltern in ihrem Glück – sie sind ja so positiv. Ansonsten sind sie komplett schmerzfrei. (Und wieder kommt einen der Neid auf die Dokters an. Ist *maman* vorstellbar auf dem Gynäkologenstuhl, *papa* sitzt interessiert dabei, *bébé* krabbelt durch das Ordinationszimmer, befingert Instrumente?)

---

[13] An der Tür ihres Neubaus hängt beim Augenscheinstermin ebenso sicher ein kunterbunt bemaltes Schild aus Salzteig neben der Klingel, auf dem geschrieben steht:
Hier leben über ihre Verhältnisse
Thomas, Annika und Jonas

XI. Der *Bekannte*, die *Freundin*, der *Neffe*, *bébé* – sie gehen allesamt ja noch an. Viel größeres Grauen bewirkt, wenn die Leute ein Gesetz hervorziehen, stets eine dtv-Ausgabe, mit Anstreichungen reich markiert.
Einer: Der Vertrag sei ja nun ganz klar einseitig zugunsten der Gegenpartei. Ich: Da mögen Sie recht haben, da hat man Sie über den Tisch gezogen. Er: Wieso ich ihn dann nicht hinweise auf § 180 BGB, wonach einseitige Rechtsgeschäfte unzulässig sind. Bei was für einem Anwalt ist er hier eigentlich. Eine dtv-Ausgabe zückt er; bei § 180 BGB sind dort angestrichen die Überschrift »Einseitige Rechtsgeschäfte« sowie in Satz 1 das Wort »unzulässig«.
Wer beim Gesetzgeber oder bei C.H. Beck die Überschriften verantwortet: mit Schönfeldern gehört er gesteinigt. Nichts, was die Leute aus dem Internet herunterladen, kein Zeitungsausriss ist vergleichbar mit der leuchtgelb angestrichenen dtv-Ausgabe.

XII. Jetzt kommt selbstredend der Einwand (Chor der guten Menschen, wie in der griechischen Tragödie): Jesses, was für ein Kotzbrocken schreibt denn da. Die Leute sollen also auf den *Knien* zu dem rutschen, in Demut *(hier liegt vor deiner Majestät / im Staub die Christenschar)*. Die Leute bezahlen, sie werden ja wohl etwas *fragen* dürfen. Sie werden ja wohl reden dürfen über ihren Fall, für ihr Geld.[14]

---

[14] Am allermeisten fragen, am allermeisten behelligen einen bekanntlich die Bezieher von Prozesskostenhilfe; gib ihnen ein Recht, und sie nehmen es wahr. (Von Klonovsky stammt das böse Wort, der Sozialstaat sei am beliebtesten bei den Asozialen; vgl. Jede Seite ist die falsche, Grevenbroich 2008, S. 50.)

XIII. Ich erwiderte dem Chor: Ich bin Jurist, kein Gesprächstherapeut. Ich bin Jurist, kein Seelsorger. Bezahlt wird der fachliche Rat, nicht das fachliche Gespräch. Das fachliche Gespräch kann ja auch gar nicht stattfinden. Und die Entkräftung von Zeitungsausrissen, leuchtgelb angestrichenen dtv-Ausgaben – das ist kein Gespräch. Also ist es Scheingespräch, also Gesprächstherapie, und das habe ich nicht gelernt. Ich bin Jurist, kein Gesprächstherapeut. Gehen Sie etwa in die Autowerkstatt und fragen dort nach Reflexzonenmassage? Eben.

XIV. Ich bin Jurist, kein Kummerkasten. Wenn Sie beim Arzt anheben, zu Gebresten der Nachbarsfrau länger sich auszulassen, werden Sie hinauskomplimentiert. Bei uns hingegen: Rechtsgebresten der Nachbarsfrau, ähnliche Fälle aus der ferneren Verwandtschaft, als ob das für die aktuelle Sache auch nur das Geringste zu bedeuten hätte.

Nur gegen Rechtsanwälte wagt man das.[15]

---

[15] Eine Ausnahme gibt es. Wenn Sie in einem fremden Städtchen sind und wissen nicht, wo man hier gut isst, was tun Sie? Richtig, Sie lenken Ihre Schritte in die Apotheke. Denn dort finden Sie den einzigen Akademiker (und damit Hedonisten), den Sie über einen Ladentresen hinweg kostenlos etwas fragen können. Ebenso bei uns. Wir sind die einzigen Akademiker, denen man Käse aller Art anschwatzen darf, nur weil die Leute es einmal in unsere Stube geschafft haben.

XV. Jawohl, sie haben keine Ahnung; jawohl, sie sind sich ihrer Sache unsicher. Es ist aber auch gar nicht vorgesehen, dass sie Ahnung haben. BGB ist *Profi*-Recht. Es ist das Werkzeug für den rechtsgelehrten Stab. Beim Allgemeinen Landrecht von 1794 mochten die Verfasser die romantische Vorstellung noch gehabt haben, der Bauer lese sich sein Recht abends am Ofen aus dem Buch.[16] Diese Vorstellung ist am 1.1. 1900 obsolet geworden, und der Gesetzgeber wollte es so. Ihr *könnt* es nicht wissen. Ihr habt es nicht studiert.

XVI. Wer solches aber auch nur *denkt* bei uns: der gilt dem Chor der guten Menschen als *arrogant.* Obschon es politischer Wille war. Gesetzgeberischer Wille, beschlossen durch den Reichstag in dritter Lesung. Gibt es eine höhere Instanz – für einen aufrechten Demokraten?

Goethe legte dem HErrn in den Mund, Prolog zum Faust; Hiobswette:

---

[16] Im ALR standen aber auch ziemlich aufregende Sachen, nehmen Sie aus Teil I Titel 9 (entsprechend ungefähr unseren §§ 929 ff. BGB) die Vorschriften betreffend eine zeitgenössische Sonderform des Eigentumserwerbs:

> § 205. Privatpersonen, welche Kaperschiffe auszurüsten Vorhabens sind, müssen zu diesem Behufe sich Kaperbriefe ertheilen lassen.
>
> § 206. Wer ohne diese auf Kaperey ausgeht, wird als ein Seeräuber angesehn.

Gibt es einen BGB-Paragraphen, bei dem einen ähnlich das Fernweh packt, die Abenteuerlust?

Ein guter Mensch, in seinem dunklen Drange / ist sich des rechten Weges wohl bewusst. Das ist Stand 1808, und es war einmal. Das würde ER ernsthaft nicht mehr behaupten können. Vom dunklen Drang der guten Menschen hin zum Weg des Rechts: da führt nur noch ein Studium.

XVII. Der Versuch übrigens, sich hineinzuversetzen in die Ahnungslosigkeit, den dunklen Drang, empathisch – er scheitert. Jede Empathie wäre hier witzlos. Wie sieht *Recht* aus, wenn man keine Ahnung hat? Das kann ein Jurist nicht mehr beantworten. In den Zustand dieser Unschuld kommt ja keiner von uns zurück. Wie sieht die Frankfurter Zeitung, wie sieht die Bleiwüste aus für den Analphabeten?

Wenn man keine Ahnung hat, besteht Recht daraus, dass einer sagt *Einspruch, Euer Ehren*, und eine Jury aus zwölf Minderheiten vertagt sich zu mehrwöchiger Beratung. Oder bei Alexander Holt verhandeln sie Mordfälle nebst überraschender Volte und Urteilsverkündung in dreißig Minuten, davon ein Drittel Werbepause. Testamentseröffnung findet demgemäß statt durch feierliche Verlesung in mahagonihaftem Ambiente eines dreiteilig gewandeten Notars. Sieht man täglich so im Fernseher.[17]

---

[17] Mit dem bekannten Effekt, dass die junge Assessorin vorsitzt und Mandant flüstert einem zu: Wann kommt denn jetzt der Richter?

XVIII. (Das war jetzt ungerecht. Wie wollt ihr auch eine Ahnung haben, wenn nicht einmal unsereins sicher sagen kann, wie euer Prozess ausgeht?[18])

XIX. Nächstgelegener Einwand: Jeder Anwalt muss halt ein bisschen *Psychologe* sein … nicht wahr. Nur ein bisschen. Muss die Leute halt nehmen an dem Punkt, führen an dem Punkt. Etwas *Einfühlungsvermögen* für die Ausnahmesituation … Jeder erfahrene Arzt weiß … (es folgen Geschichten über die Wirkstoffkombination von Placebozuckern, von Globuli und Aufmunterungssprüchlein).
Das wäre indessen bloß psychosoziale Grundversorgung. Ich bin aber Jurist. Und mir, persönlich, widerstrebt es, mit Erwachsenen umzugehen wie mit Kindlein. Darauf läuft sie aber hinaus, die *Psychologie.*

Natürlich *muss* man das. Natürlich macht man das. Doch bleibt ein schaler Restgeschmack: dass ein Gutteil der Berufspraxis unvermeidlich aus Sonderpädagogik besteht.

XX. Zweckmäßigerweise legte man sich einen kleinen Vortrag zurecht, als Einstimmung beim Erstkontakt. Man spräche: Wir gehen jetzt, wir beide, Sie und ich, ein gu-

---

[18] Und die elegante Definition *Law is what the courts will do,* sie hilft der Klientel in dem Moment ja auch nicht so viel weiter.

tes Stück zusammen durch einen sehr dunklen Wald. Es ist der böse Juristenwald. Ich kenne mich aus in diesem Wald, Sie kennen sich nicht für fünf Pfennig aus. Für Sie ist alles dunkel, huh-huh. Sie haben hier bloß *Aberglauben*. Also halten Sie, wenn Sie so gut sein möchten, die Klappe und folgen Sie mir. Denn wenn Sie sich auch nur räuspern, weckt das die bösen Geister in dem Wald.[19] Pssscht.

XXI. Man führe fort: Und wenn es schiefgeht, denken Sie nur, bin ich versichert bei der Allianz. (Für sündhaft teures Geld. Und erst *einmal* in den vielen Jahren hat sie bezahlen müssen: als ich Wiedereinsetzung kriegte und dann, in meiner großen Freude, verpennte, die Prozesshandlung nachzuholen. Und bums war wieder alles rechtskräftig. Ein Klassiker.)

XXII. Erster Aberglaube der Leute: Die Hauptsache sei gewonnen, weil der Gegner ein Schwein ist. Weil man ihm Unwahrhaftigkeit, Schweinhaftigkeit nachweist, an irgendeinem Nebenpunkt.

Das ist, genau besehen, der Gesichtspunkt der *clean hands* aus dem Recht der Equity: *He who comes to equity must have clean hands*. Bloß sind wir halt nicht in England vor dem Court of Chancery,[20] wo man nach Rechtsgefühl und Billig-

---

[19] Nichts ist bekanntlich heilloser, als wenn sie vor Gericht selbst zu sprechen anheben. O weh. Näheres dazu unten, Nrn. LXIV f.

[20] dem Gnadengerichtshof des englischen Königs. Vielmehr tauscht man solche Argumente im Zweifel vor dem Amtsgericht Dinslaken aus.

keit judiziert. Bei uns kann der Gegner ein Schwein sein, ungestraft, er gewinnt trotzdem, wenn er recht hat.
Bis allerdings dieser Gedanke sich durchgesetzt hat im Volk, besteht der Hauptteil dessen, was ich mir zu einem neuen Fall anhören muss, aus Details zum Thema: was der andere für ein Schwein ist. Selbst auf der Beerdigung seiner *eigenen* Mutter hat er … Stellen Sie sich das mal vor.
(Aus Notwehrgesichtspunkten erwog ich vor Jahren, ein mittelgroßes Messingschild hinter meinem Schreibtisch anzubringen mit der Inschrift

Moralische Entrüstung ist die Würde der Idioten.
Friedrich Schiller[21]

Ich nahm von der Idee wieder Abstand. Ich fand keine Ausrede für den Fall, dass einem die Unverschämtheit gedämmert und er mich drauf angesprochen hätte.[22])

XXIII. Hervorhebung findet in dieser Situation regelmäßig, dass sie selbst selbstverständlich *kein* Schwein sind.

---

21 Der Spruch ist zwar nicht von Schiller, sondern von Marshall McLuhan (»Moral indignation is a technique used to endow the idiot with dignity«), und hätte Schillern sicher meilenfern gelegen, doch ich wäre der Notwendigkeit enthoben, zu erläutern, wer Marshall McLuhan ist. – *Muss man den kennen?*

22 Ebenso gut hätte ich dann auch eine Galerie ins Wartezimmer hängen können: Der dümmste Mandant des Monats.

Meist geschieht dies mit den Worten: *Ich habe in meinem ganzen Leben noch nie etwas mit dem Gericht zu tun gehabt.*

Dem Volk gilt das als Leumundsbestandteil. Man muss sich vorstellen: Im Namen des Volkes ergehen in unserem Staat die Urteile. Und dem Volk gilt es als große Ehre, wenn einer über sich sagen darf: *Ich habe in meinem Leben noch nichts mit dem Gericht zu tun gehabt.*[23]

XXIV. Zweiter Aberglaube: Ja das muss doch aber ein Richter *sehen* … – immer mit Betonung auf *sehen.*
Diesen Satz hört man stets zu Punkten, die dem Richter garantiert ganz wurscht sind. Auf der Zunge liegt einem: Wenn ihr wüsstet, was die Richter …[24] Aber das darf man ja gar keinem erzählen, was die Richter.[25] – Die Hoffnung jedenfalls, die ihr in die Richter setzet, sie ist ganz vergeblich geset-

---

[23] Manchmal erwidere ich dazu mit ernster Miene: *Das wäre auch kein Renommé,* ernte dankbares Verständnis.

[24] Bisweilen öffnet sich ein Spalt zum Arcanum; nehmen Sie LG Mannheim, NJW 1997, 1995 über den Pfälzer an sich und seine Tauglichkeit zum Zeugen; AG München, NJW 1987, 1025 über den unfallbeteiligten Fahrer an sich und seine Tauglichkeit als Zeuge zum Hergang.

[25] Um diese Decke nur ein weniges zu lüpfen, hier der elementarste Grundsatz: Wer dem Richter Arbeit macht, der kriegt es heimgezahlt. Wer sich von Bossi verteidigen lässt, fängt ein Jahr mehr; ebenso, wer erst nach der Beweisaufnahme gesteht. Wer den Vergleich widerruft, verliert den Prozess. Wenn Verjährung, und sei es auch nur von ferne, in Betracht kommt, wird Verjährung angenommen. (Zum materiellen Recht gilt: Der Makler kriegt nichts. Der Handwerker muss seinen Lohn bekommen. Die alte Frau.)

zet. Sie verdienen eure Hoffnung nicht. Wann endlich schreibt die Justiz die Wahrheit übers Portal, wie Dante über die Höllenpforte: *Lasciate ogni speranza Voi ch'entrate* – beim Eintritt hier lasst alle Hoffnung fahren – wann?

XXV. Dritter Aberglaube: Es werde moralische Entschädigung bezahlt.[26]

Handwerkerrechnungen verfallen wegen des Ärgers, den der Schuft verursacht hat.[27] *Der kann doch dafür nicht auch noch Geld verlangen dürfen!* Der Gedanke des Strafschadensersatzes, der »punitive damages«. Sehr vorn auf der Zunge liegt einem: Wenn's Ihnen hier nicht passt, dann gehen Sie doch nach *drüben*. Dann gehen Sie doch nach *Amerika*.

Anhand dieses Aberglaubens sieht man übrigens sehr schön, wie weit die Schere schon auseinander ist. Ein Gedanke, der im Volke tief verwurzelt sein muss, er wird von hiesiger Juris-

---

[26] Wer herzlich lachen will, lese in der Schmerzensgeldtabelle Hacks/Ring/Böhm die vorderen Fälle, wo es nichts oder symbolisch wenig gab: die misslungenen Dauerwellen, der lädierte »Kaiser-Wilhelm-Bart« nebst »Juckreiz« bei einem »Künstler« (26. Aufl. 2008 Nr. 37); und hierfür hat sich jeweils ein Kollege bereitgefunden, Klage einzureichen.

[27] Einem der berühmtesten unter den Dokters, dem alten Rudolf Virchow, verdanken wir den Satz: *Immer wenn ich Leute von Moral reden höre, weiß ich, dass sie nicht bezahlen wollen.*

terei unter dem Aspekt besprochen, ob er gegen den *ordre public* verstößt.[28]

Jedenfalls hat man Gespräche *Ja und wer zahlt mir die Schererei? die Rennerei?* Man hat Gespräche *Was würden SIE denn sagen, wenn es bei Ihnen drei Wochen reinregnet?* Das wäre mir auch nicht recht. Aber es gibt halt bei uns kein Geld dafür.[29] – Ich halte ihnen dazu einen Trost parat und sage: Denn wenn es dafür Schadensersatz gäbe bei uns, wegen der bloßen Schererei, wie in Amerika, dann könnte sich kein Mensch mehr Versicherungsprämien leisten. Wie in Amerika. Wollen Sie vielleicht das?

---

[28] BGHZ 118, 312 = NJW 1992, 3096 (3102) findet zur Erläuterung des Strafschadensersatzes Worte, die jeden Mandanten jubilieren ließen Ja! Ja!: »Der Täter soll für sein rohes Verhalten bestraft werden, auch damit mögliche Racheakte des Opfers überflüssig werden. (...) Der Geschädigte soll für die auf seinem Einsatz beruhende Rechtsdurchsetzung – zur Stärkung der Rechtsordnung im allgemeinen – belohnt werden.« Wie käme das der deutschen Seele entgegen – der Einzelne als Moralpolizei! (Doch leider verstößt es gegen den *ordre public.*)

[29] Nehmen Sie den Fall LG Halle, NJW-RR 1997, 532, da ging auf dem Postweg zwischen zwei Friedhofsverwaltungen eine Urne verloren, und der Sohn des Inhalts dieser Urne begehrte Schmerzensgeld vom Friedhofsträger: Zwanzigtausend Mark, er sei über den Verlust der geliebten Asche krank geworden. (Und wieder kommt einen, apropos, leiser Neid auf die Dokters an, wie zum Beispiel den Damenfußverschönerungschirurgen Oliver Zong in New York: »Im Wartezimmer steht neben Hühneraugen-Infobriefen eine kleine Urne mit der Aufschrift ›Asche von Problempatienten‹«; SPIEGEL 34/2006.)

Nein, das wollen sie dann doch nicht. Dann wollen sie doch lieber versichert sein dürfen.[30]

XXVI. Vierter Aberglaube: Man müsse ihnen ihre Ausreden positiv widerlegen.

Albert Schweitzer berichtet von einem Negerstamm,[31] wo den Täter ein Unrechtsbewusstsein überhaupt erst nach getaner Überführung ankommt. Zuvor streitet er großmäulig alles ab, nach Überführung wälzt er sich auf dem Boden, strampelt, schreit, wimmert Laute der Scham und der Verzweiflung.

Hinter die moralischen Verhältnisse dieses Negerkrals fällt man bei uns bisweilen zurück; ein Unrechtsbewusstsein tritt auch *nach* stattgehabter Widerlegung nicht in Kraft. Einer kommt, nimmt Platz, sein eigen nennt er ein Grundstück im

---

[30] Gegen die Versicherungen prozessieren sie andererseits gern und mit äußerstem Wagemut. Teils mit Erfolg, vgl. NJW 1998, Heft 36 Seite VIII: »BGH: Verletzungsfolgenvorsatz in der Haftpflichtversicherung. Versucht in einer zusammensitzenden Männergruppe einer die Quelle eines allgemein wahrgenommenen Benzingeruchs, der aus der benzingetränkten Hose eines der Sitzenden aufsteigt, mit Hilfe seines Feuerzeugs aufzuspüren, und erleidet der Sitzende dann Brandverletzungen zu 40 %, dann erfordert die Leistungsfreiheit des Haftpflichtversicherers wegen vorsätzlicher Herbeiführung des Versicherungsfalles, dass der Vorsatz des den Schaden Herbeiführenden auch diese Verletzungsfolgen mitumfasst. Bei der Prüfung des Vorsatzes darf eine starke Alkoholisierung nicht außer Betracht bleiben.«

[31] Die momentan politisch korrekte Bezeichnung ist, glaube ich, *Ur-Afroamerikaner.*

Außenbereich mit wunderschöner Aussicht zu Tal. Dies will er nun bebauen. Eine dtv-Ausgabe des Baugesetzbuchs führt er mit sich, bei § 35 ist gelb markiert: »landwirtschaftlicher Betrieb«. Wenn er jetzt also im Bauantrag angäbe, er plane eine Schafzucht? (Rentner mit Gicht, Arthritis, Rheuma, zuvor Motorenteilehandel in bedeutender Gemeinde des Wirtschaftsraums Mittlerer Neckar.) Ich: Wie wollen Sie das denn glaubhaft machen ohne jeden landwirtschaftlichen Hintergrund? Er: Habe halt erst im Alter meine Liebe zur Landwirtschaft entdeckt, hehe. Sollen die mal was sagen dagegen!

Dass Plausibilitätskontrolle stattfindet, kommt in ihrer Gedankenwelt nicht vor. (»Ich saß da ganz friedlich, plötzlich hängt dem neben mir das linke Auge raus.«) Das Regierungspräsidium glaubt ihm nicht, das Verwaltungsgericht,[32] der Hof … und selbst danach, immer noch: Das kann ja gar nicht sein! Das müssen die mir doch widerlegen!

XXVII. Drittes Kreuz:[33] Die Ausnahmendebatte. Sie erläutern einen Grundsatz. Das Gegenüber fragt, nicht sehr angetan vom Grundsatz: Ja gibt es denn da gar keine Ausnahme? Sie erwidern, na klar gibt es da Ausnahmen, wenn zum Beispiel (es folgt ein enorm krasser Fall). Die Augen des Gegenübers heben zu leuchten an – das gerade ist ja meine Situation!

---

[32] Wo man bisweilen, wenn man vor dem Termin Akteneinsicht beantragt, vorn in der Tasche schon ein fertiges Urteil finden kann, das ist ein praktisch veranlagter Gerichtszweig.

[33] Zur Zählung der Kreuze s. o. IV. und IX.

Selbstverständlich ist das nicht entfernt die Situation, aber nun haben Sie ein neues rhetorisches Problem am Halse. Sie müssen erläutern, weshalb das nicht der krasse Ausnahmefall ist. – Drang des rechtsuchenden Publikums, jeweils die krasse, sittenwidrige Ausnahme zu sein. Der krasse, sittenwidrige Sonderfall, in dem die Grundsätze nicht mehr gelten, wie sie für alle gelten.

XXVIII. Viertes Kreuz: Briefe kommen an: *Ja, wenn das so ist, dann mehren sich bei mir doch die Zweifel, ob wir hier überhaupt in einem Rechtsstaat leben!* Aufgedrängte Gespräche führen Sie zum Motto: *Ja was sind denn das für Gesetze?*

Hierzu halte ich seit längerem eine Standardreplik parat. Sie lautet ungefähr: Wenn Sie mit dem Gesetz nicht einverstanden sind, zögern Sie nicht. Treten Sie der CDU bei, lassen Sie sich wählen in gesetzgebende Versammlungen. Neuerdings: Werden Sie Ursula von der Leyen und krempeln Sie alles um. Sehen ja gerade täglich im Fernsehen, wie so was geht. Der Einzelne kann was bewirken, gegen die Gesetze, für neue Gesetze. Zögern Sie nicht. Treten Sie noch heute der CDU[34] bei. (Bloß mich lasset in Ruh mit dem Lamento über die Gesetze.)

---

[34] Und wenn sie dann fragen: wieso ausgerechnet CDU? – dann sage ich: Das wissen Sie doch: *Wenn draußen hell die Sonne lacht, / dann hat's die CDU gemacht. / Wenn Regen fällt und kalter Schnee / dann war's die böse SPD.*

P.S.: Gegenüber Frauen verwende ich das Beispiel Ursula von der Leyen nicht mehr. Zu vielen Frauen entgleisen, vereisen die Gesichtszüge bei diesem Beispiel.

XXIX. Exkurs zum *esprit des lois.* – Ein Gutteil meiner Arbeitskraft verwende ich auf Erläuterung elementarer Rechtsgrundsätze, deren Kenntnis ich voraussetzen sollte dürfen können, deren Bekanntgabe jedoch regelmäßig Fassungslosigkeit hervorruft.
Hier sind die Leute dumm, doch sie sind unverschuldet dumm, da – Stichwort PISA – die hiesige Gemeinschaftskunde flächendeckend versagt. Was die Gemeinschaftskunde dem Pubertierenden in der Schule nicht generell vermittelt hat, muss die Anwaltschaft später im konkreten Fall vermitteln. Ihr erwächst ein sozialpädagogischer Auftrag. Diesen erfülle ich im geeigneten Fall für meinen Teil wiederum durch Abhaltung einer Ansprache. Sie lautet sinngemäß wie folgt.

Mitbürger, Freunde, Römer – hört mich an:[35]
Verehrtes rechtsuchendes Publikum! Sie stehen in Deutschland erstens als *Mann*, zweitens als *Vermieter*, drittens als *Arbeitgeber* unter dem Generalverdacht, ein Schwein zu sein.[36]

---

[35] Friends, romans, countrymen, lend me your ears / I come to bury Caesar, not to praise him / The evil that men do lives after them – was man der Klientel nicht warm, nicht oft genug ans Herz legen kann: *The evil that men do lives after them / The good is oft interred with their bones* (Shakespeare, Julius Caesar, 3/2).

[36] Nehmen Sie nur den gemeinrechtlichen Grundsatz »Väter sind Täter«, den Ihnen alle Nebenklägerinnenvertreterinnen im Chor bestätigen werden.

Was immer man Ihnen abschröpfen kann, das schröpft man Ihnen ab. Wo immer man Sie knebeln kann, da werden Sie geknebelt, wie Gulliver im Lande Liliput. Haben Sie das Bild vor Augen? Gut. Und als Schwein sind Sie auch für das Gesetz der Arsch. Alles klar? Dagegen kann ich gar nix machen. Finden Sie sich ab damit. Je eher Sie das einsehen, desto besser für Ihren Seelenhaushalt. Ich danke für Ihre Aufmerksamkeit.
So weit meine Ansprache.

Im Falle des Vermieters wäre beizufügen: Als Nächstes kommt eine BGH-Entscheidung, die besagt: Die Zurverfügungstellung von Wohnraum für Geld ist wegen strukturellen Ungleichgewichts sittenwidrig. Bei den bereits bestehenden Nutzungsverhältnissen bleibt es aus Gründen des Vertrauensschutzes, nur muss nie mehr etwas bezahlt werden dafür. Alles klar? Das ist das Nächste, was Ihnen droht. Mitbürger. Freunde. Römer.[37]

---

[37] Ganz unerfüllbar ist der sozialpädagogische Auftrag, wenn es um Erläuterung von Sorgfaltspflichten geht. Denn eines ist klar: Verhielten sich alle den ganzen Tag nach sämtlichen Sorgfaltspostulaten des BGH, würde das Land binnen einer Woche zusammenbrechen. Führen Sie mit dem Auto durch die Stadt wie der Karlsruher Autofahrer, so bildete sich hinter Ihnen binnen kurzer Frist ein hupender Lynchmob und Sie würden an der nächsten Ampel aufgeknüpft. Erläutert nun der Anwalt dem Mitbürger, wie er – nach Ansicht des BGH – in jeweiliger Situation sich zu verhalten gehabt hätte, so tritt beim Mitbürger regelmäßig fassungsloses Entsetzen ein. Zu Recht tritt dies ein, denn es geht ja wirklich nicht.

Diese Rede leuchtet jeweils unmittelbar ein. Sie erspart mir die Anbringung weiterer Argumente. Männern in Scheidung zeige ich am Bildschirm das internationale Zeichen für Ehe vor:

Auch das internationale Zeichen für Ehe leuchtet unmittelbar ein.[38]

XXX. Nur als Enterbter, als Pflichtteilsberechtigter – da sind Sie komischerweise der Depp. Sie gehören zu den Schwachen – doch Sie sind der Depp. Sie sind auch vom Gesetz enterbt. Ende des Exkurses zum *esprit des lois.*

XXXI. Beliebt auch folgender Verlauf: Vor einem sitzt ein Ehepaar; man erläutert die eher mauen Aussichten, rät zum Einlenken, zum Friedensangebot. Reaktion: Hüsteln, mürrische Skepsis; das zu hören sind sie nicht hergekommen. Man vertagt sich.

Das zweite Gespräch eröffnen sie mit den Worten: *Wir ha-*

---

[38] AG Nordenham, FamRZ 2003, 629: Wenn ein Halbwüchsiger, betreut durch getrenntlebende Mutter, von deren Fernmeldeeinrichtung aus für fünfhundert Euro Telefonsexnummern anruft, ist das Sonderbedarf und der Vater muss die Hälfte bezahlen.

ben uns das überlegt zu Hause, und wir fragen Sie jetzt: Wen vertreten Sie eigentlich, uns oder die Gegenseite?

XXXII. Die Frage: *Wen vertreten Sie eigentlich?* – sie müsste *de lege ferenda* notwehrfähig werden. Wir müssten ermächtigt sein, dem Frager *stante pede, brevi manu* straflos eine reinzusemmeln.
Ich, für meinen Teil, habe zwischenzeitlich schon zwei Frauen unhöflich, aber bestimmt hinauskomplementiert, die jeweils geäußert hatten: *Ja sind Sie eigentlich der Rechtsanwalt von meinem Mann?* – bloß weil ihnen meine Auskunft nicht gefiel. So werde ich es auch in Zukunft halten. Hütet Euch.

XXXIII. Fünftes Kreuz: Die Verstrickungsversuche.
Ich: Haben Sie denn keinen Brief der Gegenseite in Ihren Unterlagen, wo man Ihnen die Forderung irgendwie bestätigt? Er (interessiert): Was müsste denn drinstehen in so einem Brief? Ich: Was weiß denn ich, sinngemäß ... *bitten wir wegen eines momentanen Engpasses noch um etwas Geduld und sichern zu, Ihre Rechnung bis zum soundsovielten auszugleichen,* in dieser Art halt was. Er: Wie war das? (Schreibt mit.)
Beim nächsten Termin wird ein Schreiben der Gegenpartei präsentiert: ... *bitten wir wegen eines momentanen Engpasses noch um etwas Geduld und sichern zu, Ihre Rechnung bis zum 28. August auszugleichen.* Man schluckt.
Wunderschöne Briefe der Gegenseite kriegt man hingelegt, datiert 1991, doch mit fünfstelliger Postleitzahl. Hellseherische Kraft! Von 1998, doch mit Eurobeträgen. Von Anno Tobak, doch mit neuesten, ungeahnten Telefonnummern;

mit E-Mail-Adressen. Oder das Diktatzeichen einer Sekretärin kommt zur Verwendung, die zum Briefesdatum schon ein Dreivierteljahr gestorben war.

XXXIV. Ich achte sehr auf solche Details, damit sie nicht im Gerichtstermin erst herauskommen. Denn es tut dem Anwaltsgesicht nicht wohl, wenn ein Richter dann in es hineinschaut, prüfend.

XXXV. Zweite Pestilenz[39]: Die Selbstverständlichkeit, mit der sie davon ausgehen, man beteilige sich an ihrem Betrug.[40]
Ich: Das können Sie so nicht bringen, wenn das rauskommt …
Er: Wie soll das denn rauskommen?
Als ich noch jung war und unerfahren, da ließ ich mich ein darauf und diskutierte Varianten, wie es könnte herauskommen. Zu jeder Variante aber hatte der andere eine Lösung bereits schon im vorhinein sorgsam sich zurechtgelegt. Nichts konnte danach passieren. Mittlerweile sage ich (Killerphrase eigenen Patents): *Die Gefängnisse sind bis oben hin voll mit Leuten, die geglaubt haben, es kommt nicht raus.*
Erst dieser Satz beendet die Diskussion.

---

[39] Ad lectorem: Die erste der Pestilenzen findet sich o. VI.

[40] Hier eilt uns das böse Wort vom Mietlügner voraus (auf Englisch, distinguierter: Rented mouth). Über die Kanzlei so manches Kollegen darf man ja in der Tat sagen, es handle sich um eine lizensierte Mietlügnerei.

XXXVI. Geschäftsfrau, Handel mit gebrauchten Luxuskarossen: *Ja gut, wenn Sie mein Ding nicht mitmachen, muss ich mir einen andern suchen, das werden Sie einsehen. Hat mich sehr gefreut.* Zahlte dann auch – konsequent – die Beratungsrechnung nicht, denn es gab ja keine reelle Gegenleistung.
Zunächst zahlte sie nicht. Zahlte dann aber sehr schnell, nachdem ihr die Anspruchsbegründung zugegangen war, enthaltend wahrheitsgetreue Wiedergabe des Beratungsgesprächs. Man muss sich ja auch irgendwie wehren dürfen gegen das.

XXXVII. Sechstes Kreuz: Die Grundeinstellung überhaupt, Lügen wie Spielsteine einzusetzen. Geht es gut – gut. Geht es schief – was soll passieren?

Fatalerweise passiert ja auch wirklich nie was. Im Zivilprozess wird gelogen, dass die Balken krachen – legt je ein Richter die Sache der Staatsanwaltschaft vor, nachdem sich das ergeben hat? Die Antwort ist: Kein Richter legt vor. Sie tun es partout nicht. Manchmal drohen sie – doch niemals legen sie vor. Ein Mantel der Gnade, vielmehr, breitet sich über die Hergänge. Justiz im Sinne des hl. Martin von Tours: Die Leute sind gestraft genug durch Prozessverlust, durch Gesichtsverlust – soll man da nachkarten?

XXXVIII. Wollen sie mich einbinden ins Komplott, sage ich manchmal: Wenn das rauskommt, verliere ich die Lizenz. Bei *Ihnen* passiert nicht viel, Geldstrafe, Bewährungsstrafe, bei mir ist das Patent weg. (Klingt dramatisch, stimmt aber nicht ganz; es ist immer wieder erstaunlich, was alles ein Rechtsanwalt vergehen und verbrechen darf ohne Lizenzverlust.) Ich fahre fort: Wenn ich aber ohne meinen Job allein von Zins so weiterleben wollte wie bisher und zudem steuerehrlich würde, dann brauche ich fünf Millionen Kapital. Zahlen Sie mir die?

Kein Geheimnis ist verraten, wenn ich sage: Keiner von denen zahlte das. Doch man merkt, wie hinter der Stirn des Gegenübers ein Missvergnügen flackert: Herrje, dieser Korinthenkacker. Dieser Moralapostel. Wieso kann er nicht einfach über seinen Schatten springen? Wie soll es denn, herrgottnochmal, rauskommen?

XXXIX. Sie rechnen sich ethische Standpunkte aus Wahrscheinlichkeiten her.
Ethisch werden sie erst bei mehr als, sagen wir: zehn Prozent Rauskommensrisiko. Bis zu zehn Prozent riskierten sie es. Es ist eine Prozentquotenethik. Ich kontere – in argumentativer Notwehrlage – mit der Millionenethik: Unethisch werde ich erst ab fünf Millionen. Die Ethik absoluter Zahlen gegen die relative Ethik der Prozente.

XL. Ähnlich schlimm: Wenn sie davon ausgehen, man sei dazu da, ihnen die Umgehungsmöglichkeit erst aufzuzeigen, ihnen den Beschiss erst zu erfinden.
Die Situation kommt fatalerweise sehr unauffällig daher. Einleitung ist stets die Frage: *Ja kann man denn da wirklich*

gar nichts machen? Vorgebracht mit dem waidwund-hilflosen, dem steinerweichenden Blick eines Tierheimhundes, eines angeschossenen Rehkitzleins.

Niemals, um keinen Preis darf man auf diesen Blick hereinfallen. Denn in der Sache erwartet wird nun eine Beschissberatung. Die Frage hat ja einen Subtext. Er lautet: *Jetzt soll uns der Mann hier aber hopp-hopp mal einen ganz miesen Trick verraten.*

Ich aber spreche sodann zu ihnen wie folget: *Wenn Sie mit einem halben Hähnchen aus dem Wienerwald zum Tierarzt kommen und fragen, Herr Doktor, kann man da noch was machen – was glauben Sie, was der Ihnen dann erzählt?*[41]

Als ich noch jung war und unerfahren, da ging ich der Frage auf den Leim und hub mit ihnen zu sinnen an, was man da vielleicht noch könne machen. Man grübelte hin, man grübelte her; was aber war dies Grübeln in der Sache? Richtig: die Keimzelle zu einem Komplott. Zu einer Verschwörung.[42]

Ohne mich. Nicht für das bisschen Geld. Für fünf Millionen – vielleicht.

---

41 Von mir erfundene Killerphrase©®™, beendet die Diskussion. Nehme Urheberschutz in Anspruch.

42 Und ich bin bloß Zivilist. Wie mag es den strafrechtlichen Kollegen gehen? (Manchmal kommt das heraus. Bei uns im Bezirk hat einmal ein Strafkammervorsitzender einen Zeugen so lange demontiert – *ich glaube Ihnen kein Wort!!* –, bis der unter Tränen gestand, es stimme auch nix, aber der Rechtsanwalt da vorne habe ihm fünfzigtausend Mark versprochen, wenn er das so erzähle.)

XLI. Der Frage *Ja kann man denn da gar nichts machen?* – ihr steht an Lästigkeit gleich: *Ja was würden denn Sie an meiner Stelle machen,* meist mit dem Zusatz: … *ich meine, Sie persönlich?*[43] Diese Frage wird vorzugsweise gestellt von Frauen, Homosexuellen oder Sozialpädagogen.

---

[43] Noch fataler, und rhetorisch entsprechend brutaler nur zu kontern, die Frage *Ja muss denn immer erst was passieren?* Hinter dieser Frage steht der Protofaschismus. Die Vorstellung des Fragers, meist der Fragerin, geht ja dahin, es werde jemand in Sicherungshaft genommen, in Gewahrsam, jedenfalls weggesperrt nur um dessentwillen, wozu er *fähig* sei. (»Sie ahnen ja gar nicht, wozu dieser Mann *fähig* ist!«) Die Zeiten aber, da Leute verschwanden in Sonderlagern, Umerziehungsstätten, in klinkenlosen Anstalten nur um dessentwillen, wozu der Machthaber sie für fähig hielt, sie sind lang vorbei. Daher spreche ich zu ihnen wie folgt: Jawohl, ganz richtig, leider muss immer erst was passieren. Ihr Mann kommt – leider! – nicht für ewig in Gewahrsam, nur weil Sie Angst haben, er würde Ihnen was tun. Leider! Würde Ihnen ja gerne helfen! Allein – Sie sehen ja … (Zwingend folgt dann ein Lamento lacrimoso: *Ja was sind denn das für Gesetze.*)

P.S. zu der Anmerkung:

Ein Weiteres kommt hinzu. Haben Sie das wieder einmal – und *presto agitato* – durchexerziert, die ganze Litanei mit Platzverweis, Gewaltschutzmaßnahme, Fotos vom blauen Aug, von den Blutergüssen am Oberarm, eidesstattliche Versicherung der Nachbarsfrau, gern auch der pubertierenden Kinder (merke: und ist das Kind auch noch so klein / so kann es doch schon Zeuge sein), und Sie treffen drei Tage später Antragstellerin und Antragsgegner selbander in der Fußgängerzone, händchenhaltend vor einem Schaufenster – dann regt sich tief innen ein deutsches Sprichwort. Wer schlug sich und vertrug sich noch mal? Richtig. Und wie kommt man sich vor? Richtig, vergesäßt. Und das Sprichwort, wie alle bewährten Vorurteile, bewirkt im nächsten solchen Fall eine Art von Anscheinsbeweis gegen die eigene Partei. Wer mit Monokelhämatom zum Scheidungsanwalt kommt, gegen den streitet der Anscheinsbeweis, dass er sich schlage und vertrage.

Als ich noch jung war und unerfahren, da wurde ich bisweilen frech, zog ihr Anliegen ins Komische und sprach: Ich an Ihrer Stelle hätte dieses Haus gleich gar nicht gekauft oder diesen Mann schon gleich gar nicht geheiratet. Das aber wollten sie nicht hören (Kunststück, ich hatte ja die Frage nicht beantwortet). Also legte ich mir etwas anderes zurecht. Ich erwog grundlegend: Wenn sie das fragen, kommt es – objektiv – ja immer nur auf Wahrscheinlichkeiten an, auf Risikobewertung. Nunmehr, da ich nicht mehr jung und unerfahren bin, vielmehr bin ich sichtlich vorgealtert und rhetorisch viel verkommener, da spreche ich zu ihnen wie folgt: Diese Frage, Frau ...,[44] kann ich Ihnen nicht beantworten. Ich müsste ja ein Hellseher sein. Bloß: wenn ich Hellseher wäre, dann würde ich Lottozahlen hellsehen, aber dann wiederum säße ich nicht hier, dann säße ich in der Karibik unter einer Palme, Aloha-he, Kokosnuss. Und weil ich so wenig in die Zukunft schauen kann wie Sie, kommt es bei der Entscheidung nur auf Ihr ganz eigenes Naturell an. Wenn Sie vom Naturell her *Spieler* sind, *Zocker,*[45] dann können Sie die Variante A nehmen. Wollen Sie aber auf der sicheren Seite bleiben, weil Sie ein eher solider Mensch sind, da nehmen Sie getrost die Variante B.[46]

---

[44] Lies: Herr Homosexueller; Herr Sozialpädagoge.

[45] Der Kollege Benno Heussen hat in *Anwalt und Mandant,* Köln 1999, alle Klientel sehr zutreffend in die Typen »Profi, Amateur und Spieler« eingeordnet und zitiert ebenso zutreffend eine alte Anwaltsregel: »Der beste Mandant sagt einem entweder, was man tun soll, oder er tut, was man ihm sagt« (S. 46).

[46] Wer Raffael nicht werden kann / der streicht getrost die Wände an – wie ein altdeutsches Sprichwort sagt.

Und siehe: Keine, keiner hat je eine Spielernatur offenbart. Alle, alle wollten sie auf der sicheren Seite bleiben, alle waren sie ein solider Mensch. (Und ihre Frage war immer noch nicht beantwortet.)

XLII. Fünfter Aberglaube: Es müsse auf alles, alles, was die Gegenseite schreibt, in der Sache etwas erwidert werden.

Das ist ein großes Elend. Ich wende stets mehr Zeit auf, den Leuten zu erklären, warum ich etwas *nicht* ans Gericht schreibe, als ich aufzuwenden hätte, wenn ich das sofort und eins zu eins herunterdiktierte. (Bloß was würden dann die Richter von mir denken?) Doch selbst wenn man es ihnen erklärt hat, sitzen die Leute immer noch zu Hause bibbernd: *Ja, wie stehen wir denn da vor dem Richter, wenn jetzt dazu gar nichts geschrieben wurde!*
Wenn es aber darum geht, wer *wie* vor den Richtern dasteht, dann ist jedenfalls für *mich* klar, wie meine Entscheidung nur lauten kann. *Mein* Ruf geht mir da vor.

Es ist ein leiser Parteiverrat.

XLIII. Variante des fünften Aberglaubens: *Der Gegenanwalt hat dreißig Seiten geschrieben und Sie bloß fünf? Ja hören Sie mal, wie stehen wir denn jetzt da?*

Ich sage dann immer: Bei uns geht es nicht nach Gewicht, bei uns geht es nach Qualität. Und erzähle die Geschichte, wie ich eine hundertseitige Klage zu Fall brachte einzig mit dem Hinweis, dass die Schweiz betreffend den Vermögensgerichtsstand des § 23 ZPO im Lugano-Übereinkommen einen Vorbehalt angebracht hat. [47]

XLIV. Vision: Wenn wir alle nur noch schrieben, was unbedingt sein muss? Wie wäre das schön. Für uns Juristen *allesamt.* Die Papierindustrie wäre ruiniert (Kollateralschaden), doch der Tropenwald gerettet. Stattdessen wird geschrieben, seitenlang: nicht nur, was die Leute wollen, sondern zudem das, was sie gerne *hören* wollen, jedoch niemals zu erbitten wagten. Über sich selbst zum Beispiel:

Der Kläger, Großneffe eines angesehenen alteingesessenen hiesigen Bürgers, hat vom Beklagten im März dieses Jahres die streitbefangene gebrauchte Matratze gekauft.

Die Richter lachen sich scheckig darüber. Doch die Leute lesen es mit größtem Behagen. Kollegen! Der Tropenwald! Nur noch schreiben, was unbedingt sein muss!

XLV. Sechster Aberglaube: Dass man Hellseher sei, Gedankenleser. Dass Gedanken, Anschauung, Strategien

---

[47] Denn der Schweizer *hat* im Ausland kein Vermögen. Er hat sein Vermögen in der Schweiz. Unsere haben ihr Vermögen ja auch in der Schweiz. Und wenn ein Schweizer so unfasslich, so grenzdebil dumm sein sollte, nun doch irgendwelches Vermögen bei *uns* zu haben, dann genießt er den ganzen Schutz, die ganze Fürsorge der Eidgenossenschaft. So erklärt sich der Vorbehalt der Schweiz zu § 23 ZPO. Denn dann ist der Prozess in der Schweiz, wo ihn der Sauschwob verliert.

fremder Menschen vor einem lägen wie ein aufgeschlagenes Buch.

Das ehrt einen sehr, ist aber von großer Lästigkeit. Denn was antwortet man sinnvoll, wenn man gefragt wird: *Ja, aber was denkt sich die Gegenseite dabei, wenn sie so was schreibt?* Keine sinnvolle Antwort ist möglich. Man hat in erster Instanz gewonnen, die Gegenseite geht ins Rechtsmittel – und sie fragen: *Die werden sich ja wohl Erfolg ausrechnen mit ihrer Berufung. Was denken die sich?*

Was antwortet man auf die Frage: Ja aber was denkt sich der Richter? Was soll man dazu sagen?[48]

XLVI. Eine solche Frage ist selbstredend nicht wörtlich zu nehmen. Mit ihr wird eher ein Gespräch bezweckt über mögliche Heimtücke der Gegenseite, mögliche Hinterlist des Richters. Sie setzt ein verschwörungstheoretisches Weltbild voraus. Wäre die Frage mit dieser Tendenz aber die Einleitung zu einem Rechtsgespräch? Es wäre *kein* Rechtsge-

---

[48] Nahe hierbei liegt das Elend mit den Verschwörungstheoretikern. Wo sie sich zu einem hinbeugen und sagen mit furchtbebender Stimme: Übrigens, mein Mann hat Beziehungen zur Justiz. Es kommt heraus: Er spielt Squash mit einem Gefängniswachtmeister. Rhetorisch kaum zu lösen; ebenso wenig, wenn sie davon ausgehen, dass alle Justiz und generell bestechlich sei. (Da läuft doch bestimmt irgendwas im Hintergrund, ich hab da ein ganz ungutes Gefühl!)

spräch. Es wäre ein Kaffeesatzgespräch, ein Glaskugelphänomene-Interpretationsgespräch.
Jedenfalls wäre es Überstrapazierung des Dienstleistungsgedankens. Des Dienstleistungsgedankens nach abendländischen Rationalitätskriterien. Ich bin Jurist, kein Parapsychologe.

XLVII. Es gäbe eine Waffe gegen diese Frage. Sie ist zweischneidig. *Aber was denkt sich die Gegenseite? Die werden sich ja was denken dabei!* Man spräche, einfühlsam, bedächtig: Wissen Sie, wie man das mit einem Fachbegriff nennt, was Sie da machen – *dies Einfühlen in die bösen Pläne einer fremden Intelligenz?* Längere Pause, dann beugte man sich etwas nach vorn und spräche bedeutsam: Das nennt man *Paranoia.*[49] Begriffen? *Pa-ra-no-ia.* Man fügte an: So können *Sie* vielleicht denken und fühlen – ich kann das nicht.

Man könnte das mal probieren. Aber dann käme einem wahrscheinlich das Mandat abhanden.

XLVIII. Siebenter Aberglaube: Magische Kräfte befähigten unsereinen, jedwede Information zu beschaffen. *Ja können Sie nicht bei dem seiner Bank anrufen, ob da überhaupt was zu holen ist?*

---

[49] Leider nicht von mir, sondern von Peter Sloterdijk, ihm abgelauscht auf entlegenem Fernsehsender, weit nach Mitternacht.

Nein, ich kann nicht bei dem seiner Bank anrufen, weil es in Deutschland so etwas gibt wie Reste von Bankgeheimnis[50]. Nein, ich kann mir nicht vom Notar fremder Menschen Verträge zuschicken lassen.[51] Kreuz, Kringel und Zwieback!

XLIX. Abwandlung des siebenten Aberglaubens: Man sei so etwas wie ein Detektiv. *Ja können Sie denn nicht mal in der Nachbarschaft vorbeifahren und fragen, wie oft der da übernachtet?* Das Privatfernsehen und seine schrecklichen Folgen. Die Anwälte im Privatfernsehen machen das oder haben dafür Leute im Vorzimmer sitzen. Auf der Zunge liegt einem: Rufen Sie doch bei Sat eins an. Vielleicht schicken die Ihnen jemand. Mit einem Zwirbelbart.

L. Das siebente Kreuz: Wenn sie moralisch recht haben, aber nix zu machen ist. Der Gipfel des Fatalen. Wenn sie den Finger legen in eine evidente Ungerechtigkeit, die aber halt Gesetz ist, Praxis ist. Jeder weiß es. Keiner tut was.

Nun führen die Leute in solchem Fall Ideale mit sich, die das Kino geboren hat. Es ist das Leitbild des uneigennützigen

---

[50] Umgekehrt aber, so berichten uns die leidgeprüften Kollegen Randt und Idler, kriegt man Briefe Schweizer Banken: »Sehr geehrter Herr Anwalt, gerne übersenden wir Ihnen die anonymisierten Unterlagen Ihrer Mandantschaft ›Schwarzmüller‹ aus Köln zur weiteren Verwendung«, was gottlob der Fahndung nicht in die Hände fiel (FAZ vom 19.5. 2009, S. 23).

[51] Klassiker: Ja können Sie nicht mal beim Notar nachfragen, ob meine Eltern meinem Bruder das Haus schon überschrieben haben?

Anwaltes, selbstlos *pro bono, contra malum* umsonst schaffend, eigenes Geld einsetzend, Überstunden ohne Zahl aufwendend; für die gute Sache,[52] gegen alle Widerstände, Intrigen, Kabalen und Komplotte, drachenkämpfermäßig macht er sich auf.

Hinter solches Kinoleitbild fällt man individuell doch sehr zurück. Man wird verglichen: und fällt selbstverständlich durch. Statt dass man anbietet: *J'accuse!* Hoio-toho, heulala weia! Wir ziehen das jetzt durch, bis zum Interplanetarischen Gerichtshof für Menschenrechte streite ich für Sie, und kostenfrei, die Frage aus, warum Sie den Aufzug mitbezahlen müssen, obschon Sie im Erdgeschoss wohnen – und Sie kennen oben auch gar keinen, den Sie besuchen könnten!

Oder andere schreiende Ungerechtigkeiten.[53] Hoio-toho, heulala weia!

---

[52] Aus Amerika kommt momentan das *pro bono publico* herübergeschwappt, wo Kollegen aus den großen Wirtschaftskanzleien in der Freizeit und umsonst für Minderbemittelte arbeiten; ungefähr so freiwillig wie der Subbotnik für die Brudervölker weiland in der DDR. Gott behüte, dass das bei uns in diesem Umfang einreißt. Es ist ja gar nicht auszudenken, welchen Schaden ein Frankfurter M&A-Lawyer in einem Mietprozess vor dem Amtsgericht Höchst für seine wehrlose Mandantschaft anrichten würde, *pro bono.*

[53] Wie diejenige aus OLG München, NJW-RR 2009, 193: »Der Kl. ist österreichischer Staatsangehöriger und besuchte ein von der Bekl. betriebenes Kur- und Erlebnisbad. Der Eintrittspreis betrug für den Kl. 8 Euro, während für die Einwohner umliegender Gemeinden lediglich 5,50 Euro zu zahlen waren.« Selbstverständlich hat er auch noch Gehörsrüge gegen das Urteil eingelegt, das diesen schreienden Missstand bestätigte.

LI. Man hat gegen solche Leute einen Affekt wie in der Anekdote vom reichen Bankier Fürstenberg, zu dem ein Bittsteller kam, und als der mit seiner Geschichte fertig war, klingelte Fürstenberg nach dem Bedienten und sprach: Schmeißen Sie ihn raus, er bricht mir das Herz.

LII. Achter Aberglaube: Je länger ein Prozess geht, desto mehr verdienten wir. Der Argwohn, wir verschleppten ihre Sache um des Geldes willen.

Doch selbst wenn man ihnen erklärt hat, dass *gerade umgekehrt* es sich verhält, dass bei wertabhängiger Entlohnung es das Gleiche kostet, ob ich zwei Briefe schreibe oder fünfundneunzig, dass nach fünf Jahren und fünfundneunzig Briefen mein Stundensatz endgültig auf dem Niveau von Gotteslohn angekommen ist – selbst dann noch schwelt und schwärt der Argwohn weiter, giftig, grün.
(Er schwelt ebenso giftig, grün, wenn der im Honorarwesen kundige Mandant[54] vermutet, man riete ihm zum Vergleich nur deshalb, um die Gebühr zu verdienen. Sehr fatal, das. Soll man sagen, gut, bitte, wenn Sie meinen, dann lassen wir es halt entscheiden, das Risiko ist bei Ihnen – oder soll man einknicken, auf die Gebühr verzichten, um der Vertrauensbildung willen?

---

[54] Die allermeisten sind nicht versiert. Einer hat gefragt, ob die zwanzig Euro Auslagenpauschale für die Tasse Kaffee seien, die ich ihm beim ersten Gespräch angeboten hatte.

Fast muss man das. Wenn es die Leute also anlegten darauf: sie könnten sich was sparen mit dem Trick: *Das raten Sie mir ja bloß wegen Ihrer Vergleichsgebühr.)*

LIII. Annex zum achten Aberglauben: überhaupt zur wertabhängigen Abrechnung.

Hierzu muss ich wiederum etwas ausholen. Gesetzt den Fall, Sie machten auf Ihrem Referat in einer, wie sagt man? – *lebhaften Allgemeinkanzlei*, Sie machten da also einen Umsatz von dreihunderttausend pro Jahr. Dann haben Sie einen Stundenlohn von (dreihunderttausend dividiert durch zweihundertzwanzig Arbeitstage dividiert durch acht Stunden ist gleich) hundertsiebzig, das aber nur, wenn Sie Bonvivant sind; arbeiten Sie die üblichen zweihundertfünfzig Tage zu zwölf Stunden:[55] so sind es nur hundert. Also sind Sie besser Bonvivant; es rechnet sich.

Nun legt Ihnen einer was hin, es kämen ihm fünf Positionen einer Handwerkerrechnung irgendwie *komisch* vor, Streitwert, sagen wir: tausend. Dann verdienen Sie am außergerichtlichen Schriftverkehr (eins Komma drei Gebühr hieraus:) netto hundertzehn. Sie können sich dieser Sache unter betriebswirtschaftlichem Aspekt also (hundertzehn dividiert durch hundertsiebzig ist gleich:) null Komma sechs vier

---

[55] Mein Seniorpartner pflegt zu sagen, er arbeite jetzt nur noch halbtags: sieben Tage die Woche zwölf Stunden.

Stunden widmen, das sind achtunddreißig Minuten. Nach Ablauf dieser Zeit legen Sie drauf. Nun brauchen Sie aber mindestens diese Zeit, um ansatzweise begriffen zu haben, worum es bei fünf komischen Handwerkerpositionen technisch überhaupt geht. Sie legen also drauf ab dem ersten Moment. Nach der zweiten Sitzung sind noch die Bürokosten gedeckt und ab der dritten flacht die Kurve gegen das Karitative hin ab. Gegen den Gotteslohn. Wie sagt Benedikt XVI.: *Deus est caritas.*

Kommt hingegen ein Paar zu einvernehmlicher Scheidung, kinderlose Angestellte beide, Streitwert fünfzehntausend, verdienen wir: zwei Komma fünf Gebühr hieraus entsprechend netto tausendvierhundert bei vielleicht einer Dreiviertelstunde Datenaufnahme nebst Formulare-Ausfüllen, dann einer halben Stunde Gerichtstermin, nebst Anfahrt also Summa zwei Stunden Aufwand höchstens. Unser Stundenlohn ist siebenhundert. (Wie aber nennet man diesen Lohn, wenn der andere *Gottes*lohn heißt?)

Wir sehen: Die einen zahlen immer zu viel, die andern zahlen immer zu wenig, punktgenau richtig zahlen die allerwenigsten.

Folglich müssten die Sätze *Das ist aber mal viel Geld für so wenig Arbeit* einerseits, *Das ist aber mal wenig Geld für so viel Arbeit* andererseits – sie müssten mit gleicher Häufigkeit statistisch vorkommen. Kommen aber diese Sätze in gleicher Häufigkeit vor? Dies ist ganz entschieden *nicht* der Fall. Immer nur den einen fällt es auf, und sie beschweren sich. Den andern fällt es nie auf. Kam je mal einer und hätte gesprochen: Das ist aber mal *wenig* Geld für diese viele Zeit? Keiner kam je und hätte das gesprochen.[56]

Beschweren die einen sich zu Recht? Wären sie getröstet, wenn man ihnen sagte: Bei uns ist Mischkalkulation, nicht wahr, Sie zahlen halt die Handwerkerprozesslein, Dachrinnentropfprozesslein, Badewannenkachelnsilikonfugenprozesslein[57] mit, nicht wahr? Sie wären nicht getröstet. Vielmehr würden sie erwidern: Was gehen mich die andern an?

Erwidern sie dies zu Recht? Nein, zu Unrecht, denn die Gebührenordnung ist ja *auch* Recht. Sie ist nur nicht recht und *billig*.

LIV. Was also macht man, damit sie sich nicht beschweren? Richtig. Als ich noch jung war und unerfahren, da gab ich der Sekretärin ein mittelschweres Testament in die

---

[56] Von der anderen Fraktion kriegen Sie stattdessen Briefe: Wenn ich vom Betrag nicht deutlich herunterginge, dann würden sie aber mal in ihrem weitläufigen Freundes- und Bekanntenkreis herumerzählen, was für astronomische Rechnungen ich stellte, nämlich! Einem, Frührentner in kohlenbefeuerter Reichsheimstätte, habe ich zurückgeschrieben, wenn mir das zu Ohren käme, schriebe ich alle Gewerbetreibenden seiner Umgebung an, dass sie, die Eheleute Sowieso, ganz schwierige Zahler seien. (Er überwies dann kommentarlos nur den halben Rechnungsbetrag, und ich habe ihn ebenso kommentarlos nicht auf den Rest verklagt.)

[57] Wartungsfugen! Wartungsfugen! Achtung! *Das weiß jeder!* – sagt Ihnen zumindest jeder Fliesenleger. Und weil es jeder weiß, muss – ist doch logisch! – auch kein Fliesenleger eigens darauf hinweisen.

Maschine, wie die Leute dabeisaßen. Zack-zack, *Kraut efficiency*. Zum Mitnehmen und Abschreiben daheim. Scherzte noch: Dann ist Porto gespart. Diktierte sodann, nachdem sie gegangen waren, eine Rechnung aus dem Gebührenwert dreier Mietshäuser.

O weh. Nie wieder diktierte ich ein Testament zum Mitnehmen und Abschreiben daheim. Nahm, stattdessen, in erster Sitzung feierlich Daten auf; Namen, Geburtstage, Adressen. Fehlten Grundstücksnummern, brach ich die Sitzung ab – das muss ja alles Hand und Fuß haben; jetzt beschaffen Sie erst mal Grundbuchauszüge. Wie schreibt sich diese Frau Meier, die das gute Porzellan kriegen soll? E-I? A-I? A-Y? Wie leicht verwechselt man diese Meiers.

LV. Denn das muss ja alles Hand und Fuß haben.

LVI. In nächster Sitzung diskutierten wir einen ersten Entwurf, Wort für Wort, mit näherer Erläuterung eines jeden zweiten Worts. In dritter Sitzung diskutierten wir die Endfassung sowie die nunmehr einzuhaltenden Formalien, und in ihrem Beisein diktierte ich schließlich einen langen, langen Brief an den Notar. Und dann schickte ich eine Rechnung aus dem Wert dreier Mietshäuser.[58]

---

[58] Wozu bei älteren Kollegen die Floskel in Gebrauch ist *Das haben wir nicht auf dem billigen Papier geschrieben.*

LVII. Ich hatte da einst, in meinem jugendlichen Ungestüm, einen wichtigen Punkt verkannt: Die Leute müssen etwas haben für ihr Geld. Und wenn es nur unsere Zeit ist.

(Doch was zahlten sie freiwillig einem Zahnarzt, damit er sie vom Schmerz befreie, so schnell wie irgend möglich? Die Welt der Akademiker ist ungerecht.)

LVIII. Achtes Kreuz: Die krasse Fehleinschätzung von Formalien. Sie kommt vor als Über- und Unterschätzung. Die Formvorschriften, die es *gibt*, die eigens eingerichtet sind zu ihrem Schutze – die kennen sie nicht. Stattdessen halluzinieren sie sich Formerfordernisse zu eigenen Gunsten herbei. *Wie, wir haben einen Vertrag? Wir haben doch gar nichts schriftlich!*

Eine der Wandersagen geht ungefähr so: Ein amerikanisches Gericht hat einen wegen Mordes verurteilt, weil er seinem Opfer mit einem Beil den Kopf abgehackt hat.
Auf seine Berufung hin wurde er freigesprochen, weil im Urteil nicht stand, dass das Opfer hieran gestorben ist. Auf diesem Niveau bewegt sich die Hoffnung des Volkes auf Formalien.

LIX. Neben solch volkstümlichen Defekten begegnen uns auch hochspezialisierte Fehlhaltungen, und zwar so scharf umrissen, dass es zu einer Typologie der Hassfiguren hinreicht.

Mit den Lehrern beginnt es, das ist klar.[59] Es folgen, untereinander gleichen Ranges, Psychologen,[60] Psychiater und der eine oder andere Neurologe. Sodann kommt der Dipl.-Ing., und, dies der allerschlimmste: der Dr.-Ing. (Einen Professor Dr.-Ing. hatte ich noch nicht.)

Um diese Erscheinung zu verdeutlichen, muss ich etwas ausholen.
Es ist ja bei uns nicht nur in der Sache diffizil, also im Gegenstand, sondern auch im Verhalten der verschiedenen Organe unserer Rechtspflege. In jeder dieser Gruppen, jedem dieser Mikrokosmen, bilden sich Eigenarten heraus, Umgangsformen, ein Selbstverständnis, eine Hermeneutik. Der Amtsgerichtsmikrokosmos einer größeren Ruhrgebietskommune, mit Personalrat, Richterrat, Reinemachefrauenrat, »sozialem Ansprechpartner« (doch-doch, das gibt es da[61]), Gewerkschaftskalendern in allen Fluren, allen Zimmern – er ist ein anderer als der in, sagen wir: Traunstein. Oder Neustadt am Rübenberge. Oder in Schopfheim. Und ein bayeri-

---

[59] Einer stellte zur Erstberatung ein Bandgerät vor mir auf nebst Mikrophon: Ob er das Gespräch mitschneiden dürfe, zum Rekapitulieren daheim. Wie reagiert man da? Ich weiß es bis heute nicht.

[60] Überhaupt aufgeklärte, emanzipierte Männer in helfenden Berufen. (Während Frauen in helfenden Berufen meist sehr patente Wesen sind. Doch warum, warum nur haben sie stets sämtliche Oberbekleidung mit verbundenen Augen aus einem Rotkreuzsack gezogen?)

[61] Als Beleg der Existenz dieser Einrichtung und generell zum Klima dieser Häuser sehr anschaulich die Abrechnung des scheidenden Dortmunder Amtsgerichtspräsidenten Held mit seinem Richter Schramm, nachzulesen unter *www.gewaltenteilung.de/ueberlastung.htm*

scher Zivilkammervorsitzender mit Holzkruzifix in weißgetünchtem Renaissance-Saal heischt anderen Umgang als ein Betreuungsrichter im Hessischen, in einem Muff wie 1840 bei Ernst Elias Niebergall. Oder nehmen Sie den Umgang zwischen Anwälten, die sich kennen, die sich vielleicht sogar gut kennen,[62] und solchen, die sich nicht kennen.

Davon hängt ab, *was* man schreibt, wie man schreibt, ob und wann man zweckmäßigerweise *telefoniert* (in Nordrhein-Westfalen beispielsweise ganz aussichtslos, weil da offenbar alle Richter daheim arbeiten, in ihrem Gericht nie erreichbar), wie offen man spricht – daran hängen Aura, Stil, Fluidum der Auseinandersetzung. Dies in groben Strichen, in dürren Worten, die Ausgangslage.

LX. Nun betreten Lehrer, Psychologen, Dr.-Ing.s die Ausgangslage und bringen neben angelesener Rechtskenntnis[63] auch ein *Verfahrenskonzept* mit.[64] Wenn man

---

[62] … was jedesmal eine Gratwanderung ist mit Absturzgefahr zum Parteiverrat. Wo man zum Kollegen sagt, auf dem Gang: *Meine ist eine bösartige geldgeile Krampfhenne mit Tendenz unter jede Gürtellinie*, und der Kolleg erwidert: *Meiner ist ein ziemlich gewalttätiger Stinker für einen FH-Professor, und wenn ich nicht irre, säuft er* – doch ist das nicht das schönste Arbeiten? trotz der Gratwanderung? – und ist nicht das Allerangenehmste, wenn dann noch der Richter dazustößt und fragt: *Und, Leute, was machen wir jetzt aus diesem fertigen Scheiß?*

[63] Zu deren Beweis, wie erwartbar, eine leuchtgelb angestrichene dtv-Ausgabe mitgeführt wird.

[64] Dieses heißet man auf Psychologisch eine *Rationalisierungsstrategie* und es ist ganz fürchterlich.

größtes Pech hat: selbstverfasste Schriftsatzentwürfe. Sie äußern dabei: man brauche nur noch an der vorgesehenen Stelle zu unterschreiben.

Wie ist das zu erklären?

Mir scheint: In diesen Menschen muss ein Glaube wohnen, der sinngemäß besagt, dass erstens jedes Problem aufhellbar sei durch Vernunft, Menschenverstand, Lösungsstrategie, und zweitens bei gehörigem Bemühen jedermann befähigt, diese Instrumente erfolgreich anzuwenden mit dem Ergebnis letztgültiger Durchdringung. Und dass namentlich sie selbst, kraft ihrer Ausbildung, hierzu befähigt seien. Es ist der Glaube an eine Welt ohne Rätsel. Es ist ein Erwachsenenglaube, doch voller Kindlichkeit.

Wir unterscheiden in unserem Kulturkreis letztlich ja nur Aristoteliker und Platoniker. Die einen sagen: Des Fragens ist kein Ende. Die anderen sagen: Es gibt auf alles eine Antwort. Sie müssen nun Platoniker sein, um Ihrem Anwalt einen Schriftsatzentwurf mitzubringen und zu sagen: Wir haben das zu Hause einmal vorbereitet und Sie brauchen nur noch hier zu unterschreiben. Diese Platoniker haben das Wesen der Dinge geschaut.

Wenn man nun ihre Versuche – höflich im Rahmen seiner individuellen Möglichkeit – zurückweist, dann werden sie sehr plötzlich sehr komisch. Der Lehrer tut eingeschnappt. Der Dr.-Ing. wird nachgerade aggressiv. Das versteht er gar nicht! Er hat sich so viel Mühe gemacht![65]

---

[65] Saudumm allerdings wäre es, könnte man das Elaborat tatsächlich einmal komplett übernehmen. Gottlob geschieht, wie bei den Referendar-Entwürfen, das nie.

LXI. Notartermin, Abwicklung einer Erbengemeinschaft. Ein Grundstück wird überschrieben dabei. Auf der Gegenseite: Dr. phil., Gymnasialdirektorin. Nun fällt das Wort »Auflassung«. Sie (scheibenzersprengend schrill): *Das ist aber mal ein merkwürdiges Wort. Da kann ich ja nun gar nichts damit anfangen. Kann mir das jemand bitte erläutern?* – Ich (gepresst; denn es ist nicht das Erste, was man ihr erläutert hat in diesem Notartermin): *Stellen Sie sich vor, damals zur Germanenzeit, wenn da einer sein Haus verkaufte, da ließ er alle Fenster und Türen offen und löschte symbolisch das Herdfeuer, und dann erst zog der andere ein, und deshalb heißt das Auflassung.* – Sie (schrill): *Aber das macht man ja heutzutage ganz anders, weshalb heißt das denn heute immer noch so?*

Wir waren drei Juristen in diesem Moment, ihr eigener inbegriffen, und wir alle, alle wollten sie: – also umbringen wäre jetzt übertrieben, aber mit Wasserpistolen bespritzt hätten wir sie schon recht gern.

LXII. Man muss aber auch diesen Menschen Gerechtigkeit widerfahren lassen. Sie sind, nehmt alles nur in allem: lästig, aber harmlos.
Die frechste, dreckigste, verschlagenste, verworfenste, verderbteste, verdorbenste, mieseste Mandantschaft, mit der Sie es zu tun kriegen können, ist hingegen der Nährstand. Kein Klischee gibt es über Bauernschläue, was der Nährstand nicht bedient zu einhundertundfünfzig Prozent. Man glaubt es nicht; man steht da regelmäßig fassungslos. Es handelt sich um Leute, deren charakterliche Disposition zulässt, auf

einem dioxinverseuchten Feld Kohlrabi zu ziehen, den sie als Bio verkaufen auf dem Wochenmarkt, mit erdigen Fingernägeln, biederstem Gesicht, beschirmt von tannengrün-speckiger Cordmütze.[66] Ende des Exkurses über den Nährstand.

LXIII. Ein Typus fehlt noch, ein hochspezielles Elend: Jurist in eigener Sache.[67] Wenn man hundertseitige Tiraden pensionierter Richter,[68] halb verkalkter Strafrechtsprofessoren stempeln darf. O weh.

Ich glaube fest: dass (1) sämtliche der -zigtausend erfolglosen Verfassungsbeschwerden von Juristen in eigener Sache eingelegt werden, und dass (2) allein um des Treibens dieser Irren

---

[66] Einen Meister der Furche vertrat ich, von dem erbat die Straßenbaubehörde ein Stück Ackers für einen Verkehrskreisel. Ich schrieb für ihn Briefe, was er sich als Gegenleistung vorstellte. O weh. Ich habe mich geschämt, meinen Namen unter diese Briefe zu setzen. Und immerfort schrieb ich mit dem Tenor «MEIN MANDANT stellt sich als Entschädigung zusätzlich vor…«; oder »MEIN MANDANT verlangt überdies …« Lange Zeit später noch wurde ich geschnitten von Leuten aus dieser Behörde.

[67] Bei allem Elend teils nicht ohne Komik. Bei uns im Bezirk hatten sie einen Kollegen am Wickel wegen Unfallflucht, ein Blechschaden, Alkohol war im Spiel. Er schrieb die Einlassung selbst. Den Schriftsatz haben sie, wie erzählt wird, auf der Fasnachtsveranstaltung des Amtsgerichts zur Verlesung gebracht, und der Saal soll eingenässt haben vor Lachen.

[68] Einen Kollegen kenne ich, der stempelte für einen solchen seinen Briefkopf auf das Deckblatt und unterschrieb ungelesen hundert Seiten weiter hinten, nur bestanden die Seiten vierzig bis siebzig aus lauter Beleidigungen des erkennenden Gerichts. O weh.

willen die Missbrauchsgebühr des § 34 Abs. 2 BVerfGG eingeführt ist.[69] Das Thema verdient gesonderte wissenschaftliche Bearbeitung; und es müsste eine Doktorschrift aus der Nervenheilkunde sein.[70]

LXIV. Dritte Pestilenz: Wie sie sich um Kopf und Kragen reden.

Der eigene Mandant im Gerichtstermin ist die größte Schwachstelle des Prozesses. Er ist Ihr ärgster Feind. Alles war klar, der Richter neigte sein Haupt zu uns, und gütig, die Miene des Gegners verdüsterte sich – da aber hebt der Mandant, ohne Not, ungefragt, zu einer Suada an, und darin ein Detail, das die ganze schöne Position zum Kippen bringt. Der Richter runzelt die Stirn, der Gegenkolleg', hellhörig, er fragt: *Wie* war das? Und alles ist verloren.

---

[69] Als Beispiel nur die Pressemitteilung des BVerfG Nr. 8/97: »I. Der Beschwerdeführer, ein pensionierter Richter, war wegen eines Verkehrsverstoßes rechtskräftig zu einer Geldbuße von 100 DM verurteilt worden. Nach den gerichtlichen Feststellungen hatte er, um bei zähfließendem Autobahnverkehr schneller zur Ausfahrt zu gelangen, sein Fahrzeug auf die Standspur gelenkt und war auf dieser bis zur Ausfahrt gefahren. Der Beschwerdeführer hat mit seiner hiergegen erhobenen Verfassungsbeschwerde die Verletzung rechtlichen Gehörs (Art. 103 Abs. 1 GG) gerügt. Sein Einwand, dass er von Rechts wegen den Verkehrszusatzschildern ›Zur Ausfahrt rechts einordnen‹ die Aufforderung habe entnehmen müssen, auf die Standspur zu wechseln, sei nicht genügend berücksichtigt worden.« Missbrauchsgebühr: siebenhundert Mark.

[70] Eine Fortsetzung des Exkurses »Hasstypen« folgt unten LXX.

LXV. Lässt man dem Mandanten das Wort, so droht die Wahrheit herauszukommen.[71]

LXVI. Neunter Aberglaube: Die Erteilung eines Mandats mit Gegenstand A befuge sie, zu anderen Gegenständen B, C ff. unbegrenzt und kostenfrei Fragen zu stellen. Dass dies, irgendwie, wohl doch nicht so *richtig* angeht, zeigen Fragesituation und Körperhaltung; es ist ein Aberglaube mit durchschimmernder Vernunft. Zumeist fragen sie in der Tür, bei der Verabschiedung; sie senken die Stimme und sprechen mit halb konspirativer Miene ungefähr so: *Übrigens, eine kleine Frage noch, wenn meine eine Tochter von meinen drei Mietshäusern noch nicht einmal Pflichtteil kriegen soll, was muss ich denn dann ins Testament schreiben?*

Die ganz Frechen, bei der Verabschiedung: Sagen Sie mal, kann ich Sie jetzt mal *privat* was fragen?

LXVII. Apropos der Mensch, den man irgendwie kennt. Lässt sich durchstellen mit der Behauptung gegen-

---

[71] Gern schreiben die Herrschaften ja auch selbst – und in äußerster Ausführlichkeit – ans Gericht, mit eben jenem Effekt (was die Richter zu hämischen Verfügungen veranlasst, man möge klarstellen, was bitteschön denn nun gelten solle).
Und in diesem Fall ist einem fatalerweise die Möglichkeit verwehrt, sie durch Tritte unterm Tisch darauf hinzuweisen, sie sollten jetzt endlich ihre Klappe halten.

über dem Telefondrachen,[72] es sei privat. Sagt: Hallo, mein Alter, lange nicht gesehen, du, ich hätte da mal 'ne Frage. Einstens, als sich das dritte Mal einer durchstellen ließ privat an diesem Morgen, Architekt, da brannte mir eine Sicherung durch. Du, ich hab' da mal 'ne Frage. Ich aber sprach zu ihm, mit Heftigkeit: Dass ich Auskünfte privat und für lau nicht erteilte, weil er heute schon der Dritte sei privat und für lau und ich sonst meinen Laden ja *gleich* zumachen könnte. Er (hörbar pikiert): Ich kann dir ja mal ein Bier ausgeben. Ich: Mit Bier kann ich aber meine Sekretärin nicht bezahlen, die würde sich bedanken.

Er jedoch erwiderte: Einen Stock unter ihm sei *auch* ein Rechtsanwalt, dann gehe er halt zu *dem*, dann koste es halt *Geld*. Hängte ein. (Dann koste es halt Geld.)

LXVIII. An der Theke steht man, nach der Arbeit, im Zustand akuter Unterhopfung, Hefeweißbier schäumt lockend,[73] da aber gesellt sich plötzlich und unerwartet einer dazu und spricht wie folgt: *Hallo, lange nicht gesehen, wie geht's, kannst du hier mal einen Blick drüberwerfen?* Entrollt mehrseitigen Bescheid betreffend Erhebung eines Erschließungsbeitrags. Ich (damals, jung, unerfahren, also entsprechend hilfsbereit): Gib mal her – und der Abend war ruiniert. Und verdient war selbstverständlich nichts.

---

[72] Die Visitenkarte einer Kanzlei bekanntlich. Person, die imstande ist, einem OLG-Richter in den Hörer zu sagen: Mit Herrn Rechtsanwalt kann ich Sie momentan nicht verbinden, der sitzt aufm Klo.

[73] ... weil isotonisch, überdies gibt die Hefe einen gesunden Teint und ein seidiges Fell.

Ich (unterdessen klüger geworden,[74] härter auch, und erfrischend frei vom moralischen Ballast der Hilfsbereitschaft): Guter, wenn ich jetzt Doktor wäre, und du hättest einen Furunkel am Arsch, würdest du dir dann die Hose ausziehen, hier in der Kneipe, und mir diesen Furunkel vorzeigen, und dann fragen, kannst du hier mal eben drübergucken? Würdest du das?[75] Eben. Warum kommst du also nicht die nächsten Tage zu mir ins Büro? Warum trinken wir jetzt nicht einen, stattdessen?

Situation ebenfalls ruiniert, doch nur kurzfristig, und aus anderem Grund. Ins Büro wollen sie nicht. Da sind sie eigen. Es muss partout in der Kneipe sein.[76]

---

[74] Mein Seniorpartner, der gütige Mann, er hat mich schon früh gewarnt: Irgendwann kennst du privat nur noch andere Juristen oder Leute, die was von dir wollen.

[75] Aber sicher würden sie das. Aus dem Reich der Dokters berichtet uns Eckart von Hirschhausen: »Auf Partys sage ich nur ungern, dass ich approbierter Arzt bin. Denn dann setzen zwei Reflexe bei allen Anwesenden ein: Ich höre mir eine halbe Stunde Schauergeschichten über das Versagen der Schulmedizin an, und dann soll ich mal kurz mitkommen und im Bad über einen dubiosen Hautbefund unentgeltlich eine zweite Meinung äußern« (*Die Leber wächst mit ihren Aufgaben*, Reinbek 2008, S. 155).

[76] Was übrigens schon berufsrechtlich verboten ist, nehmen Sie den lehrreichen Fall LG Duisburg vom 1.2. 2007 zu 21 O 489/06, und weiter OLG Düsseldorf vom 17.7. 2007, I-20 U 54/07 = DStR 2007, 2347. Da bot ein Kollege – Norman Rentrop, die Geschäftsidee – Rechtsberatung im Café an für zwanzig Euro einschließlich Heißgetränk, mittels Flyers beworben unter dem Motto »Coffee and Law – günstiger Rat«.

LXIX. Grundgedanke des Volkes hierhinter: Wer keinen Materialaufwand hat, bei dem darf es auch nichts kosten. Die Dokters brauchen eine Praxis mit furchterregenden Gerätschaften, zumindest Holzspatel und ein Lämpchen, um dem Volk in seine Löcher zu schauen. Wir hingegen brauchen nichts dergleichen. Das Gesetz haben wir bekanntlich auswendig gelernt (zehnter Aberglaube). Unsere Dienstleistung kann man deshalb an der Theke abrufen.

Rechtsuchendes Publikum! Was nichts kostet – es ist auch nichts wert![77]

LXX. Fortsetzung im Exkurs der Hasstypenlehre: Die Machtfiguren.
Es geht da nicht um krisenerprobte ergraute Wirtschaftskämpen, die einfachen Arbeiter im Weinberg des Kapitalismus.[78] Es geht um die Herrenmenschen: Patriarchen inha-

---

[77] Kleine, schmutzige Phantasie: Was wäre eigentlich, wenn man in solcher Situation vorsätzlich völlig falschen Unsinn erzählte, dem Kumpan mit dem Erschließungsbeitrag etwa: *Höre, dieser Bescheid hier ist ja unrettbar rechtswidrig, da ist ja gar kein Ermächtigungsgesetz drin angegeben, dem Bescheid steht ja der Makel der Sittenwidrigkeit auf der Stirn geschrieben, gegen den musst du ja noch nicht mal Einspruch einlegen* – und wenn folglich der Gerichtsvollzieher beim Kumpan war und alles ist herausgekommen, ihm zu erwidern: *Ja klar war das alles falsch. Aber es hat dich ja auch nix gekostet, oder?* Wäre der wohl kuriert? (Wohl schon. Aber man liefe Gefahr, sich ein blaues Auge einzufangen, nicht?)

[78] Vielflieger, Hotelbarbesiedler, deren Kinder daheim sagen: *Mama, wer ist der Mann da auf dem Foto?*

bergeführter Unternehmen[79] in Strickweste, oder, andersherum, speichendünne, solariumgebräunte, adrenalingenährte, vielsprachige Manager mit Budapester Schuhwerk und fünfstellig kostender Schaffhauser Uhr.[80]

Sie eröffnen das Gespräch: Ich erwarte von meinem Rechtsanwalt …
Sie äußern: Jetzt will ich aber *Ergebnisse* sehen. (Beim Dynamiker: *Performance.*)
Einer kommt, Vertriebsvorstand, Trennungssituation; Kinder von drei und vier Jahren. Die Frau, sie repräsentierte ihn daheim. Im schmucken Heim. Er: Und die Kinder kommen zu mir, ist klar. Ich: Wie soll das denn gehen, wenn Sie vierzehn Stunden arbeiten und dauernd im Ausland sind? Er: Habe eine *Nanny* eingestellt. (Zückt Arbeitsvertrag.) Und zwei Kinderzimmer eingerichtet in meiner neuen Wohnung. Hier. (Legt Fotos von perfekten Kinderzimmern auf den Arbeitsvertrag, wie der Skatspieler eine Pikflöte aufblättert.) Sagt: Und jetzt machen Sie mal los, Mann. Das kann ja jetzt kein Problem sein für Sie. Sind doch Profi, was? (Oder was man sonst so lernt auf dem Personalführungsseminar, auf Motivationsfortbildung.)

---

[79] *Wer in Lande oder Stadt / einen Autokraten hat / der sei höflich und bescheiden / denn das mag die Sorte leiden.* (Wilhelm Busch nachempfunden)

[80] Die ihr Dasein nach kriegswissenschaftlichen Methoden einrichten, und kriegen ein Magengeschwür, wenn sie mit vierzig noch nicht CEO einer Siemens-Tochter geworden sind. Neuerdings müssen sie gottlob auch noch »soft skills« vorzeigen, also Mitglied gewesen sein der Theater-AG oder Schwerstbehinderten bei der Toilette behilflich, und all dies umsonst und neben Auslandsstudium und ebenso unvergüteten Praktika.

Ich kann mich wehren. Ich erzähle denen so lange Sachen, die sie nicht hören wollen, und auf eine Art, die sie nicht ertragen, bis sie mir, weißglühend, den Bettel hinschmeißen. Schicken Sie mir die Rechnung! Ich: Gerne. – Aber was machen die anderen, die unter denen arbeiten müssen? Die sich anhören müssen: Ich will Sie GEIL sehen auf Vertrieb?

LXXI. Die Herrenmenschen haben nach dem Krieg, wie sie nicht müde werden zu betonen, *aus Scheiße Bonbons gemacht*, also müssen alle anderen auch aus Scheiße Bonbons machen.
Ähnlich denken Landräte, Bürgermeister, mit ihrem durchwegs hoch skurrilen Selbstbewusstsein – in Kategorien von Hinterzimmer-Allianzen, strategischer Fraktionsbildung; sie meinen, Gericht und Prozessgegner trickse man aus wie einen störrischen Gemeinderat, wie die Kommunalaufsicht.

LXXII. Oder die, wie der alte Léon Bloy sie gehasst hat mit jeder Faser:[81] Leute, die zum Rechtsanwalt laufen, während man ihre Mutter vergewaltigt.[82]

LXXIII. Vierte Pestilenz: Wenn sie zum OLG mitfahren wollen.

---

[81] Le Désespéré (1886), Kap. LIV

[82] Er nennt sie »âmes de torchons graisseux«, was mit »Schmierlappenseele« nur unvollkommen übersetzt wäre.

Ich habe, Fluch des Flächenstaats, hundertzehn Kilometer zum OLG, und dies qualvoll über Nebenpisten, durch schwärzeste Wälder, her hinter Schwerlasterruß, Langholzfuhrwerken, rumpelndem Landwirtschaftsgerät. Es säße also im Auto jemand neben einem stundenlang, mit dem man – mangels eines jeden weiteren persönlichen Kontakts – nur den Fall zu besprechen hat. Den Fall hat man aber schon mehrfach, was rede ich: mehrfachst besprochen. Außerdem weiß man nicht die ganze Akte auswendig – im Gegensatz zum Mitfahrer, den nur der eine, der seine Fall lebenserfüllend beschäftigt. Wie aber soll ich in der Akte blättern während des Fahrens?

Und stellen Sie sich vor, die Sache geht beim OLG[83] schief und Sie müssen noch zurückfahren mit verlorenem Prozess im Bauch. O weh.

Was also macht man? Man fährt Eisenbahn oder lügt – *habe nur einen Zweisitzer und nehme meine Freundin mit / fahre aus der Gegenrichtung an und direkt im Anschluss in Urlaub.* Keinesfalls aber sage man: *Muss nach dem Termin noch weiter* – dann wollen sie hin mitfahren und organisieren sich den Weg zurück anderweitig; was ganz und gar misslich ist, wenn man sie sodann auf der Rückfahrt überholt.

---

[83] Das ist bei den dortigen Herrschaften mit ihrem ausgeprägten Hang zur Originalität ja niemals auszuschließen – öfters hat man den Eindruck, als ob es in dieser Instanz vorrangig um juristische Schönheitspreise ginge.

LXXIV. Fünfte Pestilenz: Wenn es ums »Prinzip« geht. Wenn also die Todsünden mitregieren, Stolz, Ungeduld, Zorn, Widerstreben, Neid, und man vor diese elenden Karren gespannt werden soll. Schlachtruf, bevor die Sache überhaupt richtig begonnen hat: Da gehe ich bis zur letzten Instanz. Bis zum Verfassungsgericht gehe ich da! Können Sie aber sicher sein![84]

Solcher Prinzipienreitkampf geht stets einher mit Doppelbödigkeit der Zielvorgabe. Meinen sollte man, es ginge den Leuten prinzipiell ums eigene Gewinnen; ihnen selbst solle es nutzen, das Recht. Bisweilen ist das aber weit gefehlt: dem andern soll es möglichst *schaden*. Von wegen *neminem laedere*. Im Gegenteil; *laedere quoad res tenet*, was das Zeug hält. Es hat einige Zeit gebraucht, bis ich darauf kam: Es geht da vorrangig ums Verlieren des andern, den Gesichtsverlust. Ob sie selbst das Geld kriegen, ist ihnen schnurz. Spenden täten sie es dem Tierheim, dem Altenstift »Sonnenschein« – Hauptsache, der andere muss es zahlen.

Klassiker im Ehestreit: Lieber kriegt das Finanzamt das *ganze* Schwarzgeld und der Mann geht ins Loch, als dass die Frau

---

[84] Fatalerweise fand sich unlängst ein Kollege berufen, diesen Charakterzug moralisch zu rechtfertigen, theoretisch zu überhöhen: Marc Desens, Neid als Grundrechtsausübungsmotiv, AöR 133 (2008), 404-431, eine rechtsphilosophische Apologie der Missgunst. Davon darf um Gottes willen nichts durchdringen zum Volk.

sich die *Hälfte* davon abholt durch eine kleinere, milde, äh, Pressung.[85]

LXXV. Neuntes Kreuz, apropos: Die Ehepaare. Sie sitzen vor einem in friedlichstem Einvernehmen. Ich: Lebt denn dieser Onkel Otto noch, von dem Sie damals den Bausparvertrag gekriegt haben? Er: *Ja.* Sie: *Nein.* Es gibt eine Satire von Tucholsky, *Ein Ehepaar erzählt einen Witz*, wo es ähnlich zugeht. Ich, für meinen Teil, kann das schon länger nicht mehr satirisch finden.[86]

---

[85] Man findet sich da stets auf rhetorischer Gratwanderung: muss zureichend andeuten, was man weiß, darf aber nicht deutlich sagen, was man will – nämlich die Hälfte vom Schwarzen. Nicht allen gelingt, was ich erleben durfte: über die Einnahmen des Mannes aus einer Tankstelle und den Frauenunterhalt hieraus wie die Bettler bei Gericht zu streiten, und nebenher die schwarzen Einkünfte aus einem hinter der Tankstelle betriebenen Pornofilmverleih in schönstem Frieden aufzuteilen. Ich weiß seitdem, was ich im nächsten Leben werde.

[86] Ebenso wenig erheiternd ist das Unvermögen mancher, auf heikle Fragen klar zu antworten. Man fragt: Haben Sie das getan, was der Gegner hier behauptet? Sie aber erwidern hierauf mit einer Suada, weshalb dies ja gar nicht sein könne, weshalb ihnen dies gänzlich fernliege usf.; Wortlaut zumeist: »Da müsste ich ja mit dem Klammerbeutel gepudert gewesen sein.« Nur eines sagen sie nie: Ja oder nein. Und stets erweist sich später: Es war der Klammerbeutel. Gottlob merkt man das mittlerweile sofort. Wer mir fuchtelnd einerseits, andererseits unter Darlegung von Vernunftgründen erläutert, weshalb etwas so gar nie nicht gewesen sein kann, bei dem weiß ich: Genau so war es.

LXXVI. Oder Vater und Tochter, zum weiteren Beispiel. Für die Tochter führt man, alles auf Armenrecht, ein voluminöses Zugewinnausgleichsverfahren. Zur Besprechung bringt sie irgendwann ihren Vater mit. Der Vater: *Das verstehe ich ja alles überhaupt nicht, das müssen Sie mir mal erklären.* Man erklärt.

Zur nächsten Besprechung wiederum der Vater dabei; er fragt dasselbe noch einmal.

Ich, irgendwann, gequetscht: Hören Sie, ich wickle hier einen Fall ab auf Basis von *Prozesskostenhilfe*. Auf *Ar-men-recht*. Da ist sowieso nix dran verdient. Und jetzt habe ich dreifache Arbeit, weil ich das, was ich Ihrer Tochter schon längst erklärt habe, Ihnen hier zum zweiten Mal erklären darf. Das kann ja wohl Ihr Ernst nicht sein.

Er aber, zu seiner Tochter gewandt, er sprach: *Wie, Prozesskostenhilfe? Ich hab dir doch extra zehntausend Euro gegeben für deine Anwaltskosten!* – Abruptes Ende der Besprechung. Den Vater brachte sie nie wieder mit. Und glauben Sie, lieber Leser, ich hätte von diesem Geld später auch nur ein Fitzelchen gesehen?

LXXVII. Zehntes Kreuz – der Satz: *Da können Sie jeden fragen!*

Ich: Okay, fangen wir mal an. Wen fragen wir da konkret, und was wird der uns sagen dazu? Er: Weiß ich jetzt auch nicht … – da können Sie aber wirklich jeden fragen.

Es kommt raus: *Keinen* kann man fragen. Oder die Jeden bezeugten, wenn sie denn je angehört würden, das schiere Gegenteil.[87]

LXXVIII. Kreuz zehn, klein a: Der Satz *Also darf der das.* Man erläutert Herrn Mandanten die Schwierigkeit, dem Gegner, sagen wir: einen Beschiss nachzuweisen. Er: *Also darf der das.* Ich: Selbstverständlich darf der das nicht, wir werden ihm den Beschiss aber nicht beweisen können. Er: *Also kommt der damit durch?* Ich: Wie es aussieht, ja. Mandant: *Also darf der das.*

LXXIX. Kreuz zehn, klein b: Ähnlich schlimm, wenn sie sagen: *Das heißt also …*[88]

Wenn der Satz fällt *Das heißt also*, fährt ein Schauder über mich, denn ich weiß, was kommen muss: Die Übersetzung

---

[87] Vgl. beim leidgeprüften Kollegen Heussen, *Anwalt und Mandant* wie Fn. 45: »Es werden Beweismittel angekündigt, die nie eintreffen, und Zeugen angeboten, die nichts wissen« (S. 48).

[88] Aus *Hart aber fair* am 23.1. 2009: Ulrich Kienzle: *Darf ich mal einfach eine Frage stellen. Wenn Palästinenser Zivilisten töten, dann sind sie Terroristen. Wenn Israelis Zivilisten töten, dann ist das Selbstverteidigung. Und hier ist wirklich ein double standard, das, was Sie vorhin angemahnt haben, durchaus vorhanden.* Michel Friedman: *Das heißt, wenn Taliban in Afghanistan …* Ulrich Kienzle *(aufgebracht): Das ist eine andere Frage … usw.,* usf. (Frankfurter Sonntagszeitung vom 25.1. 2009, S. 30)

eines schiefen Bildes in ein noch schieferes. Wie schrieb Winfried Hassemer[89] so richtig:
»Wir Deutschen neigen dazu, unsere Grundprobleme an Monsterfällen zu diskutieren, sie also so weit zu verschärfen, dass man sich richtig aufregen kann. Und dann werden Gesetze gemacht.«[90]
Oder man stellt Fragen an den Rechtsanwalt.

LXXX. Kreuz zehn, klein c: (anklagend) *Darüber hat man mich nicht belehrt; das hat mir aber keiner gesagt!* Gesprächsverlauf immer: Man zeigt ihnen ihren rechtsweichenstellenden Fehler auf. Den begreifen sie irgendwann. Dann aber jammern sie: *Das hat mir aber keiner gesagt! Da hätte man mich ja wohl drauf hinweisen müssen!*[91]
Es hat etwas Beschämendes für die Gattung Mensch, wenn Erwachsene vor einem sitzen und greinen: *Darauf hätte man mich aber hinweisen müssen, rabäh.* Es hat etwas von Regression. *Muss man einem doch sagen!* (Rabäh.)

---

[89] Spiegel 12/2008, S. 39; anhand der Flugzeugabschusstheorie, der Folterdebatte.

[90] Das archaisch-einfältige Common Law weiß hierzu nur den Spruch: *Hard cases make bad law.*

[91] Ein grundlegender Irrtum, zumal wenn es darum geht, worauf ein *Anwalt* alles hätte hinweisen müssen. Unser Bundesgerichtshof findet in diesem Zusammenhang jedoch sehr zutreffend: »Der Mandant ist dem Anwalt zudem nicht in solch existentieller Weise ausgeliefert wie in vielen Fällen der Patient, der sich in die Behandlung eines Arztes begibt« (BGH, NJW 1994, 3295 (3298 r. Sp.). O weise und gerechte Richter! So ist es! Doch an dieser Erkenntnis hindert die allgemeine Regression.

LXXXI. Das aber ist der Grund, weshalb auf amerikanischen Klobürsten der Hinweis steht: *Do not use for personal hygiene*;[92] das wiederum ist, auf identischem Niveau, der Grund für den gesamten europäischen Verbraucherschutz, Haustürwiderruf, Rücktrittsrecht der Butterfahrensleute, Ernährungsampeln, die den Bürger warnen, dass Olivenöl viel Fett enthalte und Marzipan viel Zucker. Es ist Sonderprivatrecht für die Doofen. Man darf sich da nichts vormachen.

LXXXII. Zu der ganz *allgemeinen* Doofheit, der Gedankenlosigkeit, man sagt dazu ja schon gar nichts mehr.[93] Sie kriegen bei mir, zum Beispiel, Besprechungstermine stets zur vollen Stunde oder um halb. Der Schluss, dass dies bei den anderen ebenso sein mag, liegt nahe. Wann aber rufen sie immer, immer an? Richtig: Drei nach voll. Fünf nach halb. Werden vom Telefondrachen durchgestellt, weil es ganz überaus wichtig sei. Ich dann, gepresst: *Nein, ich kann jetzt leider nicht mit Ihnen telefonieren, bei mir hat soeben eine Besprechung begonnen.* Antwort, in vollendeter Überraschung: *Ach so! Ja dann rufen wir später noch mal an.*

---

[92] Zuvor kannte man das nur als Witz aus Zeiten der Einführung des Spülklosetts – wo der Besuch von der neuen Toilette kommt und sagt: Übrigens, diese Bürste da, also ich muss sagen, Papier bleibt doch Papier. (Weitere ergreifende Beispiele bei www.mlaw.org.)

[93] Stets darf man auch den Irrtum korrigieren, DAS & Co. zahlten die Scheidung, weil ja »Familienrechtsschutz« bestehe. Konntet Ihr das nicht anders nennen, herrje? Bisweilen lese ich ihnen dann, als Rache, sämtliche Ausschlussklauseln vor und äußere hernach: *Sie sehen, die zahlen überhaupt nur bei Unterwasserbrand.*

Nämlich fünf nach voll, drei nach halb. Oder sie faxen, sie schicken E-Mails um 11 Uhr – und rufen an um 11 Uhr drei Minuten, was man davon halte.[94]

LXXXIII. Auch Kollegen tun das alles, übrigens.

LXXXIV. Fortsetzung der allgemeinen Doofheit. – Neue Sache, bislang unbekannter Herr betritt die Stube.
Ich: *Was führt Sie zu mir?*
Er, umständlich: *Habe also, ähem, Anwaltsbrief gekriegt.*
Ich: *Dann zeigen Sie mal her, den gucken wir uns mal an.*
Er: *Oh, den habe ich jetzt nicht dabei.*
Ich: *Dann wird es für mich schwierig mit einer Beratung.*
Er: *Hätte mir Ihre Sekretärin aber sagen müssen, dass ich den mitbringen muss!*

LXXXV. Das sind stete demoralisierende Tropfen.

LXXXVI. Testamente, lebzeitige Fabrikübergaben, Eheverträge: leider nicht dabei. *Hätte mir ja mal einer sagen können!* Einzelne sind imstand und sagen: *Wie, mitbringen? Ich dachte, so was wüssten Sie!* Tropf, Tropf.

---

[94] Wie sie offenbar ganz generell des Glaubens sind, ihr Fall sei der einzige, den man bearbeite. Als ob man nicht eigens Akten in der Stube herumliegen hätte haufenweis, auf dass dieser Eindruck gar nicht erst entstehe.

LXXXVII. Ebenso klassisch: *Haben Sie einen Grundbuchauszug dabei?* – Er: *Selbstverständlich. Moment. Hier.* (Kruschtelt ein Papier herfür.) Was aber ist es regelmäßig? Richtig, der Einheitswertbescheid. Man duldet das still. Tropf, Tropf.

LXXXVIII. Nicht zu vergessen den Standardfall im Erbrecht.

Eheleute. Sie: *Wir haben uns entschlossen, mein Mann möchte jetzt doch den Pflichtteil von seinem Vater haben.*
Ich: *Wann ist er denn gestorben?*
Und richtig, beide Eltern leben noch. Zu all dem sagt man ja schon gar nichts mehr.
Man sagt dazu ja schon gar nichts mehr.
Tropf, Tropf.

LXXXIX. Die Leute verstehen, und das ist Elend einerseits, andererseits unser höchster Trumpf, kaum etwas von der Welt um sie herum. Leider auch die eigenen Leute nicht. Meine Sekretärin[95], eine durchtriebene, renitente, also höchst effektive, mir ganz unverzichtbare Kröte, füllt mit den Scheidungskandidaten stets die grausamen[96] Vordrucke

---

[95] Nicht identisch mit dem in LXVII. und LXXXII. wohlwollend erwähnten »Telefondrachen«.

[96] Doch, es gibt aktiv-grausame Formulare. Wo nämlich das Gesetz Verwendung amtlicher Vordrucke anordnet, da wird das Formular zum Rechtssubjekt sui generis und tritt dem Ausfüller prinzipiell feindselig gegenüber und streckenweise grausam. Gipfel ist der Vordruck »Einwendungen im vereinfachten Unterhaltsverfahren«.

zur Rententeilung aus.[97] Im alten Formular V 1 nun war eine Rubrik, die wissen wollte, ob Strafhaft verbüßt worden sei in der sozialen Biographie. Ich stieß dazu, als das Mädchen eine Mandantin an dieser Stelle des Formulars fragte: *Waret Sia scho-emol em G'fengnis?* Oberstudienrätin; sie verneinte. Als die wieder draußen war, nahm ich die Kröte beiseit und sprach zu ihr: *Sie Unglückswurm, das ist eine Beamtin. Die kann gar nicht im Gefängnis gewesen sein. Die können Sie doch so was nicht ernsthaft fragen, herrje.*
Sie aber erwiderte: *Wiiie-sooo? I han scho zwoi k'hett, dia waret scho em G'fengnis.* Es ist nichts zu machen.

XC. Gottlob ist nichts zu machen. Die Leute kommen ja, exakt aus diesem Grund, zu uns meist erst dann, wenn alle Kinder in allen Brunnen sind. Sie kommen zu spät. Das ist objektiv ein Fluch, ein Kreuz zum einen – andererseits für unser Portemonnaie ein subjektiver Segen, denn: am Kind *im* Brunnen verdient man mehr als am Kind *vor* dem Brunnen, an der Rechtsfallprophylaxe.
Man stelle sich vor, sie kämen mit allem, was später zum Prozess führt, schon im Vorfeld. Das wären ja meist ganz kurze Fragen. Dann triebe man ein Geschäft um wie ein türkischer

---

[97] Wenn sie fragen, wieso das mit der Scheidung eigentlich so lang dauere, schiebe ich alles auf die BfA (jetzt DRV). Ich sage: *Das ist ein Haus in Berlin-Wilmersdorf, da arbeiten dreizehntausend Leute drin, ein Blinder, ein Lahmer und ein Tauber. Darum kommen die Rentenauskünfte nicht. Alles klar?* Danach fragen sie nicht mehr, wieso es mit der Scheidung so lang dauere. (Den Belesenen sage ich: *Das ist eine Behörde nach Patent Franz Kafka.*)

Straßenschreiber unter Sultan Abdülmecid dem Ersten, Behördenbriefe für Analphabeten verfassend; Bückling, Effendi, Frage, Antwort; zehn Euro, der Nächste. Wie viele schaffte man pro Stunde? Vier? Fünf? Und was wäre dann verdient am Ende des Tages? Eben.
Doch man bräuchte kein Personal mehr, immerhin. Man hätte namentlich keine eingelernt bis zur Perfektion des Zusammenspiels, die dann Mutterfreuden dauerhaft für sich entdeckt.[98]

XCI. Zur Genealogie des Rechtsfalls. – Man müsste, wie Nietzsche zum Moralpunkt, einmal tiefer bohren an der Frage, wie es eigentlich zum zivilen Rechtsfall kommt. Meine Beobachtung ist: Soweit nicht schlichte kriminelle Energie[99] mitspielt, mehrstenteils aus Dussligkeit,[100] Irrglauben,[101] Fehlvorstellungen, Missverständnissen.

---

[98] Und das alle fünf Jahre, im ewigen Rhythmus der Fruchtfolgen. Weh mir.

[99] Leitspruch der Betreffenden: Wer nicht auf Menschen schießen kann, muss es mit der Existenzgründung bleiben lassen.

[100] Beispielsweise kommt einer morgens früh in unsere Stube ohne Termin, bleich und übelriechend, der voll Erregung mitteilt, sein Vermieter habe ihm das Schloss zur Wohnung ausgetauscht; am Vorabend sei er nicht mehr hineingekommen, bei einem Freund habe er übernachten müssen. Einstweilige Verfügung wird eiligst beantragt, was aber kommt heraus? Richtig: Besoffen war er. Im falschen Stockwerk hatte er seinen Schlüssel probiert.

[101] Nehmen Sie nur die Scheidungsfälle: Anlass ist jeweils der Doppelirrtum – wie er zur Annahme von Geschäftsgrundlage charakteristisch ist –, man komme auf Dauer miteinander aus. Denn Ehe ist das Apronym von *errare humanum est.*

Das französische Wort für Missverständnis ist *malentendu*, bei entendre = hören, also schlecht gehört. Eine höchst diplomatische Umschreibung des Vorfalls. Denn Missverständnis ist nicht falsch *hören*. Es ist falsch *verstehen*.[102] Was aber wird benötigt, um *richtig* zu verstehen? Richtig. Woran fehlt es also im Falle des Missverständnisses? Ebenfalls richtig. Zur Frage einer Genealogie des Rechtsfalles dürfen wir festhalten: Er entsteht, weil die Leute so unverständig sind. So doof. (Was sich herleitet von mhd. *taub*, womit wir wieder bei *malentendant* wären.)

XCII. *Iura scripta vigilantibus.* Für die Wachsamen. Wären nun aber alle wachsam und verständig in diesem Sinne, achteten alle das Gesetz – so wären wir brotlos.

Ich fasse zusammen:
Wir leben davon, dass die Leute doof sind, unverständig, kriminell. Es ist wie bei Mandeville in der Bienenfabel: Nicht von der Tugend gedeiht eine Volkswirtschaft, sondern von der *Untugend.*

Die Schlosser, die Glaser: sie gedeihen davon, dass eingebrochen wird. Nachzulesen seit 1714 bei Bernard Mandeville. Un-

---

[102] Nun wird gewiss ein Etymologe kommen und belegen, dass *entendre* seit den Zeiten von Louis Toujours auch mit der Bedeutung von Verstehen in Gebrauch ist. Es glaube aber keiner, dass sich ein Jurist seine Pointen sabotieren ließe von der Sprachwissenschaft!

ter ganz ähnlichen Bedingungen gedeiht eine Anwaltschaft. Sie gedeiht am Imperfekten.[103]

XCIII. Hier schließt sich nun ein Kreis. Das Volk macht doofe Sachen, dann kommt es mit ebensolchen Meinungen zum Anwalt und stellt doofe Fragen.[104] Es passt also alles.

Wäre das Volk verständig und schlau, so würde es keinen Anwalt brauchen. Wer vom Volke leben will, der muss sich Volkes Meinungen und Volkes Fragen in Volkes Stimme anhören; wie die Mutter Courage bei Brecht: Will vom Krieg leben / wird ihm wohl müssen auch was geben.[105]

XCIV. Mit der Mandantschaft verbindet uns ein gegenseitiger Vertrag, *do ut des*. Was geben *wir*, was ist unser Beitrag zum Synallagma?

---

[103] Unvergessen das Anwaltsgebet, *Lawyer's Prayer*, im englischen Rechtskreis: *Stir up much strife among thy people, o Lord, lest thy servant perish* – Rühr' auf viel Streit unter Deinem Volk, o Herr, auf dass nicht Dein Diener verhungre.

[104] Bei den Weißkitteln: *Gelebt, geliebt, geraucht, gesoffen / und alles dann vom Doktor hoffen* (Eugen Roth).

[105] Ich habe Abitur gemacht in einem SPD-regierten Bundesland und daher allen Brecht sofort danach weggeschmissen; ebenso allen Georg Lukács. Als, apropos, Kardinal Lehmann auf einem Kirchentag von Kinderreportern mit Kassettenrekorder befragt wurde, was von seiner Habe er zu gutem Zweck auf Ebay versteigern wolle, hat er erwidert, seinen gesammelten Drewermann könne er am ehesten entbehren. Solch friedvoll-humane Grandezza brächte unsereins gar nicht mehr hin.

XCV. Mir scheint: Zum einen ist es das Geschäft *Nerven gegen Geld* – und dies mit der fatalen Korrelation: *Je mehr Nerven, desto weniger Geld.*[106]

Zum andern legt man seinen Glauben an das Gute drauf. Dass die Menschheit zum Besseren beständig fortschreite, die alte Frage der Aufklärung, kann ich nach den Beobachtungen in meinem Beruf ganz entschieden nicht bestätigen. Das Menschengeschlecht, soweit es in Rechtshändel verstrickt ist, tritt vielmehr seit Beginn diesbezüglicher Messungen auf der Stelle, und zwar am ethischen Minimum. Wenn bei Ulpian ein Sklave mit Mundgeruch vom Verkäufer nicht zurückgenommen wird[107] und das Landgericht Köln die Kündigung eines Mieters erörtern muss, der am Heiligabend im Treppenhaus »vorsätzlich die Brühe eines mit Hefe eingelegten Herings ›Surströmming‹ verspritzt« hat[108] – wo soll hier ein Fortschritt sein?

---

[106] Hingegen bei den Dokters: Geld und Leben.

[107] D. 21.1.12: »Is cui os oleat an sanus sit quaesitum est«, wobei zu unterscheiden es gilt, ob die Ursache in Unreinheit des Mundes liege, »ex illuvie oris« (dann mangelfrei), oder in Leber- bzw. Lungenleiden, »quod iecur, quod pulmo aut aliud quid similiter dolet« (dann mangelbehaftet).

[108] WuM 1984, 55: »Daß der üble Geruch der Fischpökelbrühe das für die Mitbewohner des Hauses zumutbare Maß bei weitem übersteigt, davon hat sich die Kammer selbst überzeugt, als die Beklagten im Termin vom 15.9. 1983 eine Dose ›Surströmming‹ im Sitzungssaal öffneten.«

XCVI. Ich habe meinen Beruf begonnen als ein junger Jurist und mit Elan, und stelle jenseits meiner Lebensmitte nun mit Kummer fest, was der Kontakt mit Klientel aus mir gemacht hat: ein Nervenbündel, ein moralisch ausgehöhltes Wrack, das sich betäuben muss mit Bier und Nietzsche-Lektüre. Doch per saldo geschieht mir ja recht. Warum habe ich keinen *anständigen* Beruf erlernt?[109]

[109] Unnachahmlich in seiner lakonischen Präzision der BFH, NJW Heft 31/1998, S. VIII: »Rechtsanwaltstätigkeit als Liebhaberei: Ein Rechtsanwalt betreibt auch dann seine Kanzlei in Gewinnerzielungsabsicht, wenn er seit 20 Jahren nur Verluste in Höhe von insgesamt 1 Mio. DM erzielt hat. Denn ein Unternehmen dieser Art ist regelmäßig nicht dazu bestimmt und geeignet, der Befriedigung persönlicher Neigungen oder der Erlangung wirtschaftlicher Vorteile außerhalb der Einkommenssphäre zu dienen.« O weise und gerechte Richter! Es ist hierzu *nicht* geeignet. Oder wie mein Doktorvater mir mitgab auf den Weg: »Wenn *der* Job Spaß macht, dann ist was faul. Das *darf* keinen Spaß machen.«

Hinweis auf weitere Grundlagenwerke

Heinrich Stader
Kurze Einführung in den Juristenhumor

Das Grundwerk. Keine Loseblattlieferung.

220 S., dunkelgrüner Leinenband mit Goldprägung
ISBN 978-3-909081-78-3

Heinrich Stader
»Ob eine einzige Kakerlake auf Hawaii einen Reisemangel darstellt ...«

Prozesse um Urlaub und andere gastronomische Unfälle
Ein Vademecum für Juristen und heimgekehrte Laien

112 , geb. • ISBN 978-3-909081-32-5

Heinrich Stader
»Das Feuer im Beichtstuhl ging offensichtlich von selbst aus ...«

Prozesse um Religion und anderes Okkultes
Ein Vademecum für Juristen und leicht gläubige Laien

96 S., geb. • ISBN 978-3-909081-33-2

Sebastian Hakelmacher
Bilanzblüten in Molwanien

Das Ringen um die perfekte Rechnungslegung in einem unbekannten Land

80 S., geb. • ISBN 978-3-905707-06-9

Beachcomber
Das Zwergen-Zerwürfnis
The Case of the Twelve Red-bearded Dwarfs

Herausgegeben und mit einem Nachwort versehen von Albrecht Götz von Olenhusen

Englisch/deutsche Ausgabe, aus dem Englischen übertragen von Susan Jones und Albrecht Götz von Olenhusen.

80 S., geb. • ISBN 978-3-909081-09-7

Das Manuskript zu diesem Buch erreichte uns
nur 13 unwesentliche Jahre nach jenem Frühjahrsabend,
an dem wir im Zustand fortschreitender Überhopfung und also
in schönem Einklang mit dem Autor

– der schon damals in einer süddeutschen Stadt als Anwalt tätig war,
dieser Berufsausübung aber seither nicht eigentlich nachging,
um Fallstudien für dieses Buch zu sammeln –,

das Pseudonym *Heinrich Stader* erfanden.

Seine »Kurze Einführung in den Juristenhumor« (s. o. S. 78)
ist seither auf ihre Weise klassisch geworden
wie zwei andere Bücher aus jenem Jahr 1996:
Manfred Boschs schwergewichtiges Werk über die Literaturgeschichte
des Bodenseeraums, *»Bohème am Bodensee«*, und
Katrin Seebachers unvergesslicher Roman *»Morgen oder Abend«*.

Lesern der Libelle wird weiterhin eine größere Bandbreite zugetraut:
So erscheinen im Herbst 2009 mit der nachmals gloriosen Erstausgabe
dieses *»Mandanten-Schwarzbuchs«*
auch so unterschiedlich faszinierende Titel wie
Arno Borst »Meine Geschichte« (mit einem Nachwort von Gustav Seibt),
Yasmina Reza »Gesammelte Stücke in zwei Bänden«
und *Christoph Meckels* Erinnerung an den Lyriker Peter Huchel,
»Hier wird Gold gewaschen«.

Wenn Sie sich noch für das übrige Gold interessieren,
das die Verlegerei aus den andrängenden Textmengen herauswäscht:
www.libelle.ch

Wir schicken Ihnen auch einen gedruckten Gesamtprospekt,
wenn Sie das wollen; er ist auf seine Weise unterhaltsam.

Gesamtherstellung: Pustet in Regensburg
3. Auflage 2013

ISBN 978-3-905707-33-5